Coleção
LEIS ESPECIAIS
para **concursos**

17

Dicas para realização de provas com questões de concursos
e jurisprudência do STF e STJ inseridas artigo por artigo

Coordenação:
LEONARDO GARCIA

PROCESSO ADMINISTRATIVO

Lei 9.784/1999

Coleção
LEIS ESPECIAIS
para **concursos**

17

Dicas para realização de provas com questões de concursos
e jurisprudência do STF e STJ inseridas artigo por artigo

Coordenação:
LEONARDO GARCIA

JOÃO TRINDADE CAVALCANTE FILHO
JOSÉ TRINDADE

PROCESSO ADMINISTRATIVO

Lei 9.784/1999

6ª
edição
revista e atualizada

2019

EDITORA
*Jus*PODIVM
www.editorajuspodivm.com.br

EDITORA *Jus*PODIVM
www.editorajuspodivm.com.br

Rua Território Rio Branco, 87 – Pituba – CEP: 41830-530 – Salvador – Bahia
Tel: (71) 3045.9051
• Contato: https://www.editorajuspodivm.com.br/sac

Capa: Ana Caquetti

Diagramação: Luiz Fernando Romeu *(lfnando_38@hotmail.com)*

ISBN: 978-85-442-2535-6

Proposta da Coleção
Leis Especiais para Concursos

A coleção *Leis Especiais para Concursos* tem como objetivo preparar os candidatos para os principais certames do país.

Pela experiência adquirida ao longo dos anos, dando aulas nos principais cursos preparatórios do país, percebi que a grande maioria dos candidatos apenas leem as leis especiais, deixando os manuais para as matérias mais cobradas, como constitucional, administrativo, processo civil, civil, etc.. Isso ocorre pela falta de tempo do candidato ou porque falta no mercado livros específicos (para concursos) em relação a tais leis.

Nesse sentido, a Coleção *Leis Especiais para Concursos* tem a intenção de suprir uma lacuna no mercado, preparando os candidatos para questões relacionadas às leis específicas, que vêm sendo cada vez mais contempladas nos editais.

Em vez de somente ler a lei seca, o candidato terá dicas específicas de concursos em cada artigo (ou capítulo ou título da lei), questões de concursos mostrando o que os examinadores estão exigindo sobre cada tema e, sobretudo, os posicionamentos do STF, STJ e TST (principalmente aqueles publicados nos informativos de jurisprudência). As instituições que organizam os principais concursos, como o CESPE, utilizam os informativos e notícias (publicados na página virtual de cada tribunal) para elaborar as questões de concursos. Por isso, a necessidade de se conhecer (e bem!) a jurisprudência dos tribunais superiores.

Assim, o que se pretende com a presente coleção é preparar o leitor, de modo rápido, prático e objetivo, para enfrentar as questões de prova envolvendo as leis específicas.

Boa sorte!

Leonardo Garcia

(Coordenador da coleção)

leonardo@leonardogarcia.com.br

leomgarcia@yahoo.com.br

www.leonardogarcia.com.br

Como a Lei de Processo Administrativo (Lei 9.784/99) é cobrada nos concursos?

A Lei nº 9.784/99 regula o processo administrativo federal e, portanto, é cobrada essencialmente em concursos de órgãos e entidades da União. Entretanto, alguns estados e municípios utilizam-na como parâmetro para regular o seu próprio processo administrativo (caso do Distrito Federal, por exemplo), de modo que seu estudo também é relevante para diversos concursos locais.

Por ser uma lei procedimental, ela é considerada por muitos concursandos como uma "lei chata" de se estudar. Entretanto, não é bem assim.

Muitos dos conceitos básicos vistos **em todo o estudo do Direito Administrativo** estão presentes na lei tratada neste livro. A diferença entre órgão e entidade, os princípios que regem a administração pública (tais como proporcionalidade e segurança jurídica), os institutos da anulação, revogação e convalidação dos atos administrativos, bem como o estudo da competência administrativa são alguns dos temas presentes em todo e qualquer concurso, que permeiam todo o Direito Administrativo, e cujo único tratamento normativo é dado pela Lei nº 9.784/99.

Não por coincidência, os artigos destinados a tais temáticas são os mais cobrados nas provas de concursos. E, assim, pode-se dizer que ela é abordada com bastante frequência nos concursos públicos, seja diretamente, seja de forma indireta.

Todavia, não se pode ignorar que a presente lei é, acima de tudo, uma norma procedimental. Regula os procedimentos a serem adotados para tramitação e decisão dos processos administrativos, e, em termos numéricos, a maioria de seus artigos trata da sequência de atos e fases desses processos. Às vezes, o assunto pode parecer mais abstrato, mas existem estratégias para facilitar a vida do estudante.

A primeira delas é entender o que é um processo administrativo. E esse conceito está bem delineado, logo no início deste livro, sendo inclusive utilizadas tabelas e outros recursos gráficos para uma melhor visualização do tema. Na sequência, é importante que o estudante consiga compreender a sequência de atos processuais (o chamado "começo, meio e fim" do processo – como ele se inicia, como são praticados os atos de seu desenvolvimento, quando e como a administração pública deve decidir, como se pode questionar essa decisão etc.).

Mas nada disso tem valor se não for estudado sempre à luz dos princípios e critérios de aplicação da lei, trazidos logo nos artigos iniciais. Assim, por exemplo, o artigo 22 ("os atos do processo administrativo não dependem de forma determinada") deve ser estudado à luz do critério previsto no artigo 2º, IX ("adoção de formas simples"); o artigo 5º ("o processo administrativo pode iniciar-se de ofício ou a pedido de interessado"), à luz do critério do artigo 2º, XII ("impulsão, de ofício, do processo administrativo, sem prejuízo da atuação dos interessados"); e assim por diante.

E, acima de tudo, o concursando deve mentalizar bem todos os conceitos da lei; para isso, é **imprescindível** o constante contato com o texto dela, e para isso se prestam esta coleção e este livro: permitir o uma leitura constante das palavras da lei, mas, juntamente com isso, já se ter contato também com explicações, esclarecimentos, aprofundamento, doutrina e jurisprudência, além de destacar os pontos que merecem mais atenção no estudo.

As questões de concursos, normalmente, não costumam fugir das palavras da lei e, quando muito, são cobrados alguns aprofundamentos de certa forma já previsíveis. Entretanto, a abordagem das disposições legais não segue rigidamente um padrão – obviamente, há os artigos mais cobrados, como já mencionado, mas ocasionalmente é exigido dos candidatos o conhecimento de artigos mais "escondidos", cobrados em menor frequência, mas que precisam igualmente ser memorizados e entendidos.

Com esse panorama, é possível formar uma boa base para encarar qualquer questão desse tema, cobrado em todo e qualquer concurso da esfera federal.

É importante salientar que os artigos mais cobrados estão destacados em pontilhado nos boxes cinza, como no exemplo a seguir:

> **Art. 30**. São inadmissíveis no processo administrativo as provas obtidas por meios ilícitos.

Nota à 6ª edição

Chegamos, com muito orgulho, à 6ª edição de nossos comentários à Lei de Processo Administrativo.

Em virtude de não ter havido qualquer alteração legislativa e poucas mudanças de jurisprudência desde a última edição, centramos nossos esforços em dar à obra um pouco mais de aprofundamento doutrinário, sem perder o foco em concursos públicos.

Pensando, assim, especialmente na preparação para concursos com alto grau de exigência, passamos a inserir, a partir desta edição, temas polêmicos e de aprofundamento, para provas discursivas ou orais. Esses assuntos estão distribuídos ao longo dos comentários, de acordo com o artigo a eles pertinente.

Também aproveitamos para inserir novas questões, relativas a concursos aplicados nos anos de 2017 e 2018.

Esperamos que a obra continue sendo útil na aprovação de quem deseja se tornar um servidor público.

Bons estudos!

Os Autores

Sumário

Processo Administrativo
Lei nº 9.784, de 29 de janeiro de 1999

Regula o processo administrativo no âmbito da Administração Pública Federal.

Processo Administrativo – Lei nº 9.784, de 29 de janeiro de 1999

COMENTÁRIOS INICIAIS

Estudar processo administrativo é realmente estudar a Lei de Processo Administrativo. A maioria das questões de prova – mesmo em concursos mais avançados, como os de Juiz, Promotor, Procurador, etc. – se baseia na "letra" da lei e em um pouco de doutrina. Em um patamar muito menor, jurisprudência. Isso pode ser um fator de dificuldade justamente para alunos mais acostumados a estudar mais jurisprudência do que a ler os artigos da norma.

É, portanto, um ponto forte para quem sabe como estudar para se dar bem em provas sobre o assunto. Ocorre que o Direito Administrativo, por não ser codificado, é um assunto já muito doutrinário e jurisprudencial. Assim, as Leis esparsas que tratam da matéria ganham relevância tremenda. Basta ver, por exemplo, que a Lei de Processo Administrativo basicamente positivou muitas lições doutrinárias sobre atos administrativos.

Não é que não se deva estudar doutrina ou jurisprudência – é que o candidato deve priorizar o estudo da Lei.

Veja, por exemplo, um levantamento das questões 2014/2016 sobre o tema:

Assunto	Quantidade de questões (% aproximada)
Princípios do processo (art. 2º)	5%
Início do processo (arts. 5º a 8º)	10%
Competência (arts. 11 a 17)	10%
Impedimento e suspeição (arts. 18 a 20)	5%
Instrução (arts. 29 a 47)	5%
Recursos (arts. 56 a 65)	40%
Definições e âmbito de aplicação (art. 1º)	5%
Extinção do processo (arts. 51 e 52)	10%
Anulação, revogação e convalidação (arts. 53 a 55)	5%

Classificação das questões por tema (doutrina, "letra" da lei ou jurisprudência – 2014/2016):

Fundamento	Quantidade de questões (% aproximada)
"Letra" da lei	78%
Jurisprudência, sendo	12,5%
do STF	9,5%
do STJ	3%
Doutrina	9,5%

Percebe-se, portanto, que a maior parte das questões se baseia na Lei. Esse deve ser o seu norte no estudo da matéria!

Regula o processo administrativo no âmbito da Administração Pública Federal.

CAPÍTULO I
DAS DISPOSIÇÕES GERAIS

Art. 1º – Esta Lei estabelece normas básicas sobre o processo administrativo no âmbito da **Administração Federal direta e indireta**, visando, em especial, à **proteção dos direitos dos administrados** e ao melhor cumprimento dos fins da Administração.

1. **Noção de processos estatais**: processos estatais, de maneira genérica, são meios (instrumentos) de produção de normas jurídicas: o processo judicial tem por objetivo produzir uma decisão judicial: sentenças, acórdãos e decisões interlocutórias, para resolver conflitos da sociedade; o processo legislativo serve à criação de normas gerais e abstratas (leis e outros atos normativos); por fim, o processo administrativo é aquele que tem por objetivo a produção de atos administrativos (decisões administrativas).
2. **Processo não é sinônimo de procedimento.** Processo significa "marcha para adiante"; é um conjunto de atos ordenados e concatenados, voltados à realização de um determinado fim (a produção de normas jurídicas). De outra parte, procedimento é apenas um aspecto do processo, é a sequência em que os atos são praticados (pode ser um procedimento mais ou menos complexo e demorado). Processo é um conjunto de atos processuais desenvolvidos sob o crivo do contraditório. Então, temos que PROCESSO = PROCEDIMENTO + CONTRADITÓRIO.

2.1. Controvérsias sobre a nomenclatura:

Os autores mais tradicionais de Direito Processual Judicial (civil, penal, etc.) costumam utilizar a expressão "processo" apenas para o processo judicial, reservando o termo "procedimento" para os chamados procedimentos administrativos. Veja-se, por exemplo, a posição de Moacyr Amaral Santos, dentre outros. Contudo, a maioria da doutrina do Direito Administrativo defende a ideia de um verdadeiro *processo* administrativo, uma vez que se trata de uma espécie do gênero "processos estatais". Nesse sentido são as lições de Cândido Rangel Dinamarco, Carlos Ari Sundfeld, Egon Bockman Moreira, entre vários outros.

3. **Conceito de processo administrativo**: conjunto ordenado e concatenado de atos administrativos voltados à produção de uma decisão administrativa acerca de um caso concreto.

4. **Proteção dos direitos dos administrados:** a Lei do Processo Administrativo buscou resguardar os direitos dos administrados em face da Administração Pública, sempre buscando resguardá-los da atuação arbitrária da Administração, e reconhecendo a condição de hipossuficiência do cidadão em face do Estado. Essa ideia norteia diversos dispositivos da lei, de modo que ela será melhor compreendida se tivermos sempre em mente esse objetivo – a proteção dos direitos dos administrados. Por essa razão, o art. 3º elenca direitos diretamente ligados ao exercício da ampla defesa e do contraditório; pelo mesmo motivo, a lei e preocupa bastante em concretizar o princípio da segurança jurídica, proibindo, por exemplo, que sejam conferidos efeitos retroativos a uma nova interpretação dada à norma; assim também como se preocupa em proibir que a Administração Pública seja omissa na resolução dos processos administrativos, impondo-lhe um dever de decidir (arts. 48 e 49 da Lei); proíbe que a Administração proceda à recusa imotivada do recebimento de documentos (art. 8º) e à rejeição de recurso interposto perante autoridade incompetente (art. 63, § 1º), dentre inúmeros outros exemplos.

► **OBSERVAÇÃO:** ESPÉCIES DE PROCESSO ADMINISTRATIVO

A nomenclatura "processo administrativo" é bastante genérica. Abrange diversas espécies de processos, ligados pelo fato de que resultará deles a edição de um ato administrativo. Diversos desses processos possuem lei própria de regulação (é o caso do processo administrativo disciplinar, regido pelo regime jurídico dos servidores públicos), sendo a Lei nº 9.784 aplicável, primariamente, aos processos administrativos que não possuem regulamentação específica, e, de forma subsidiária, aos que possuem regulamentação própria.

- Podemos citar, exemplificativamente, algumas espécies de processos administrativos:

  A) Processo Administrativo Disciplinar (PAD): visa a investigar e punir servidores públicos que tenham cometido falta funcional;

  B) Processo Administrativo Fiscal: tem objetivo analise a ocorrência do fato gerador do tributo para, se for o caso, culminar com a prática do ato administrativo de lançamento tributário;

  C) Processo relacionada a requerimentos diversos: processo funcionais como pedidos de férias, de licenças, ou mesmo referentes à relação jurídica da Administração com particulares, como é o caso dos processos relacionados a pedidos de licença para construir, etc.

  D) Processo Administrativo Regulatório: instaurado no âmbito das agências reguladoras, tem por objeto fiscalizar o exercício do serviço regulado e, eventualmente, aplicar penalidades;

  E) Processo licitatório: busca selecionar a melhor proposta, respeitado o princípio da igualdade, de modo a que seja praticado o ato administrativo final da adjudicação (para uma futura contratação).

4. **Âmbito de aplicação da Lei nº 9.784/99**: a Lei de Processo Administrativo (LPA) aplica-se aos processos administrativos desenvolvidos no âmbito da Administração Pública Direta e Indireta FEDERAL. Trata-se, portanto, de uma lei FEDERAL, e não NACIONAL: não se aplica à Administração Estadual nem Municipal. "Administração Direta" compreende, no contexto da LPA, os Ministérios e a própria Presidência da República. Administração Indireta são as autarquias (como a UFRJ), fundações públicas (como o IBGE), sociedades de economia mista (Banco do Brasil, Petrobrás, etc.) e empresas públicas federais (CEF, Correios, etc.). Em suma: a LPA é obrigatória para a Administração Direta e Indireta Federal, **mas não o é para as Administrações Estaduais e Municipais.**

   4.1. Cada unidade da Federação pode estabelecer sua própria lei de processo administrativo.

   4.2. Ao Distrito Federal se aplica a lei de processo administrativo FEDERAL, por força do que dispõe a Lei nº 2.834, de 7 de dezembro de 2001.

   4.3. CUIDADO!!! O prazo decadencial de 5 anos para que a administração anule os atos que acarretem benefícios aos particulares (art. 54), porém, aplica-se por analogia às esferas federativas, SE NÃO HOUVER LEI ESPECÍFICA DO ENTE FEDERATIVO REGULANDO A MATÉRIA. Nesse sentido já decidiu o STJ: "**A Lei 9.784/1999 é aplicável no âmbito estadual quando inexistente lei local específica que preveja o prazo decadencial para a Administração Estadual rever seus próprios atos**, hipótese diversa da dos presentes autos, uma vez que a matéria é disciplinada pela Lei Complementar Estadual 303/2005" (STJ, Primeira Turma, AgRg no AREsp nº 184.142/RN, Relator Ministro Napoleão Nunes Maia Filho, julgado em 27 de março de 2014).

4.4 CUIDADO!!! O conceito "administração pública" abrange as atividades típicas do Poder Executivo; entretanto, apesar de típicas, essas atividades não são exclusivas do referido poder, sendo exercidas, também (de forma atípica), pelos Poderes Legislativo e Judiciário. Assim, o Legislativo e Judiciário, ao praticar atos administrativos, no exercício atípico da função administrativa, submetem-se ao regime da Lei do Processo Administrativo. No exercício das suas funções típicas, entretanto, o Legislativo se sujeita às regras do Processo Legislativo, enquanto o Judiciário se subordina às normas do Processo Judicial.

5. **Diferenças entre o processo JUDICIAL e o processo ADMINISTRATIVO:** enquanto o processo judicial trata de um conflito entre partes opostas, a ser resolvido por um terceiro desinteressado e imparcial (juiz), o processo administrativo possui a peculiaridade de ser decidido por um dos polos do processo – tem-se, de um lado, o interessado, que, em regra, litiga contra o Estado, e de outro, a própria Administração Pública, que, além de parte, é a responsável por proferir decisão no processo. Por esse motivo, as decisões do processo administrativo sempre podem ser revistas pelo Poder Judiciário (à exceção, obviamente, de algumas situações específicas, como o caso da ocorrência da prescrição), nunca podendo ter força de coisa julgada (nunca serão definitivas)[1]; pelo mesmo motivo, o processo administrativo possui peculiaridades em relação ao processo judicial, sintetizadas no quadro abaixo.

	PROCESSO JUDICIAL	**PROCESSO ADMINISTRATIVO**
Poder que o exerce de maneira TÍPICA	Judiciário	Executivo
Objetivos (escopos)	Aplicar a lei ao caso concreto, mediante uma atividade imparcial e definitiva (jurisdição)	Aplicar a lei ao caso concreto, mediante uma atividade parcial e não definitiva (sempre sujeita à reanálise judicial)
Início	Somente mediante provocação (princípio dispositivo ou da demanda)	Mediante provocação ou de ofício pela própria Administração (princípio da impulsão de ofício)
Coisa julgada	Sim	Não

1. Sobre a expressão coisa julgada administrativa, às vezes cobrada em prova, vide comentários ao art. 57 desta Lei.

	PROCESSO JUDICIAL	PROCESSO ADMINISTRATIVO
Participantes	Partes e Juiz	Interessados e Administração
Relação jurídica	Triangular (Juiz, Autor e Réu)	Bilateral (Interessados e Administração)

6. **Inafastabilidade da jurisdição:** é um princípio constitucional que muito influencia o processo administrativo. Também é conhecido como princípio da inafastabilidade do controle jurisdicional ou da proteção judiciária ou do acesso à justiça. Expresso no art. 5º, XXXV, determina que a lei não pode excluir da apreciação do Poder Judiciário lesão ou ameaça de lesão a qualquer direito. Logo, o Judiciário pode, no Brasil, analisar quaisquer questões de legalidade. O Brasil adota o sistema da jurisdição una, em que qualquer questão de legalidade deve ser dirimida pelo Judiciário – ao contrário da França, por exemplo, que, por adotar o sistema da jurisdição dual ou do contencioso administrativo, exclui determinados assuntos da órbita do Judiciário e os entrega à deliberação da Administração. No Brasil, o contencioso administrativo não faz coisa julgada. Ademais, não se pode (em regra) exigir o esgotamento da via administrativa para acesso ao Judiciário: dessa forma, pode-se ingressar com o processo judicial antes de terminado o processo administrativo, depois de concluído e até mesmo sem que tenha sido iniciado.

   Restrições à inafastabilidade da jurisdição (ATENÇÃO!): a garantia do acesso à justiça proíbe, em regra, que se exija o exaurimento da via administrativa. Não é preciso, então, entrar com o processo administrativo para, depois, ingressar com o processo judicial. Entretanto, existem hipóteses – geralmente em decorrência da própria Constituição – nas quais se exige o prévio recurso à esfera administrativa, antes de se ingressar em juízo. Configuram o que a doutrina chama de hipóteses de **jurisdição condicionada**. Podemos citar, exemplificativamente: a) disputas desportivas (CF, art. 217), em que é preciso primeiro recorrer à Justiça Desportiva (administrativa) e, só depois da decisão de mérito, ou de decorridos 60 dias sem resposta, é que se poderá ingressar com a ação judicial; b) *habeas data*, com o qual só se pode ingressar se se provar a negativa da Administração em fornecer ou corrigir a informação sobre a pessoa do impetrante (CF, art. 5º, LXXII; Lei nº 9.507/97, art. 8º); c) súmula vinculante (CF, art. 103-A), cujo descumprimento pode ser combatido por reclamação ajuizada no STF, mas só depois do exaurimento da via administrativa (Lei nº 11.417/06); d) mandado de segurança, pois a Lei nº 12.016/09 previu que tal remédio constitucional não é cabível quando "caiba recurso administrativo com efeito suspensivo, independentemente de caução" (art. 5º, I); e) benefícios previdenciários (pois o STF decidiu, em recurso extraordinário com repercussão geral reconhecida, que, nesse caso, é preciso primeiro formular o requerimento administrativo para, só então, em caso de negativa, acionar o judiciário).

Jurisprudência:

STF, Pleno, RE nº 631.240/MG, Relator Ministro Roberto Barroso, DJe de 07.11.2014: "A concessão de benefícios previdenciários depende de requerimento do interessado, não se caracterizando ameaça ou lesão a direito antes de sua apreciação e indeferimento pelo INSS, ou se excedido o prazo legal para sua análise. É bem de ver, no entanto, que a exigência de prévio requerimento não se confunde com o exaurimento das vias administrativas".

Em resumo, temos que:

A) **Regra** – independência entre as instâncias (pode-se questionar um ato administrativo judicialmente, ainda que não tenha sido questionado na via administrativa)

B) **Exceção** – jurisdição condicionada: nesses casos especiais, é preciso primeiramente questionar o ato na via administrativa para, só depois, poder recorrer ao Judiciário;

C) **Exceção qualificada** – exaurimento (ou esgotamento) da via administrativa: nesses casos, não basta ter questionado o ato administrativamente, é preciso ter chegado até a última instância administrativa.

Numa tabela:

	É preciso ter questionado o ato administrativamente antes de judicializar o tema?	É preciso ter esgotado todos os possíveis recursos administrativos?
Regra geral	Não (independência entre as instâncias)	Não
Habeas data	Sim (jurisdição condicionada)	Não
Mandado de segurança	Sim (jurisdição condicionada)	Não
Benefícios previdenciários	Sim (jurisdição condicionada)	Não
Reclamação por descumprimento de súmula vinculante	Sim (jurisdição condicionada)	Sim (é um caso de esgotamento da via administrativa)
Competições desportivas	Sim (jurisdição condicionada)	Sim (é um caso de esgotamento da via administrativa)

→ **Aplicação em concursos:**

- **(Cespe/TRE-GO/Analista Judiciário – área administrativa/2015)**

  Durante a realização de escavações para a expansão de obra de metrô, de responsabilidade do governo federal, ocorreu acidente que resultou na abertura de imensa cratera em área residencial e consequente desmoronamento de um edifício com soterramento de veículos. Os particulares prejudicados pretendem formular pedidos de ressarcimento junto à administração pública. Considerando essa situação hipotética e as regras contidas na Lei n.º 9.784/1999, julgue o item que se segue.

  Os interessados deverão aguardar decisão administrativa referente aos seus pedidos para, então, se insatisfeitos, buscarem a via judicial para a resolução da questão.

  Resposta: errado. Como não se trata de nenhum caso de jurisdição condicionada, os administrados podem ingressar no Judiciário independentemente de qualquer providência na via administrativa.

- **(Cespe/TRT1/Juiz do Trabalho/2010)** O princípio da inafastabilidade da jurisdição tem aplicação absoluta no sistema jurídico vigente, o qual não contempla a hipótese de ocorrência da denominada jurisdição condicionada.

  Resposta: errado. Embora tal situação seja excepcional, existem hipóteses de jurisdição condicionada.

- **(FCC/TCM-CE/Analista de Controle Externo/2010)** No caso de órgão da administração direta estadual praticar ato que contrarie enunciado de súmula vinculante do Supremo Tribunal Federal, caberá reclamação ao Supremo Tribunal Federal, após esgotamento das vias administrativas.

  Resposta: correto. Contra a decisão administrativa que contraria súmula vinculante cabe reclamação (CF, art. 103, § 3º). Porém, deve o reclamante primeiramente esgotar as vias administrativas (Lei nº 11.471/06, art. 7º).

- **(Cespe/TJ-AM/Juiz/2016)** Contra omissão ou ato da administração pública admite-se a reclamação, ainda que não se tenham esgotado as vias administrativas.

  Resposta: errado (a reclamação – em virtude do descumprimento de súmula vinculante – exige o prévio esgotamento da via administrativa).

7. Processo administrativo e independência entre as instâncias

7.1. Em regra, as instâncias administrativa e judicial não se comunicam.

▶ **CUIDADO!!!** Por conta do princípio geral da independência entre as instâncias, o STJ reafirmou sua tradicional jurisprudência, no sentido de que a mera existência de processo (judicial) criminal em que se apurem fatos atribuídos a servidor público não justifica a suspensão do processo administrativo disciplinar contra o agente, ainda que relativo aos mesmos fatos (MS 18.090/DF, Rel. Min. Humberto Martins, julgado em 8/5/2013).

7.2. Existem, porém, casos excepcionais em que a absolvição penal gera a absolvição na esfera administrativa, pelo mesmo fato (art. 126 da Lei nº 8.112/90).

7.3. Existe, também, um caso em que a decisão na esfera administrativa é condição de procedibilidade da persecução penal: o lançamento definitivo (=não mais sujeito a recurso administrativo) do crédito tributário é condição para que o Ministério Público ofereça denúncia contra o contribuinte por crime de sonegação fiscal (=crime material contra a ordem tributária).

7.3.1. Súmula Vinculante nº 24: *"**NÃO SE TIPIFICA CRIME MATERIAL CONTRA A ORDEM TRIBUTÁRIA, PREVISTO NO ART. 1º, INCISOS I A IV, DA LEI Nº 8.137/90, ANTES DO LANÇAMENTO DEFINITIVO DO TRIBUTO**"*.

→ **Aplicação em concursos:**

- **(Cespe/DPE-AC/Defensor/2017)** A independência das esferas administrativa e criminal não permite que a efetivação de penalidade de demissão imposta em sede administrativa ocorra anteriormente ao trânsito em julgado da ação penal.

  Resposta: item incorreto.

- **(Cespe/DPE-AC/Defensor/2017)** A condenação criminal impõe a aplicação da penalidade administrativa em sede de procedimento disciplinar, independentemente da regularidade do procedimento administrativo instaurado.

  Resposta: item incorreto.

- **(Cespe/DPE-AC/Defensor/2017)** A fim de serem evitadas decisões contraditórias nas instâncias administrativa e penal, impõe-se o sobrestamento do procedimento administrativo disciplinar até o julgamento final da ação penal em tramitação.

  Resposta: item incorreto.

- **(Cespe/TRF5/Juiz Federal/2009)** O cancelamento do crédito tributário por decisão definitiva do Conselho de Contribuintes, após o lançamento fiscal prévio, não influencia a ação penal em curso por delito de sonegação fiscal, dada a independência das instâncias penal e administrativa.

  Resposta: errado. Trata-se de um caso excepcional em que a instância administrativa comunica-se com a penal. Na verdade, sequer deveria ter sido iniciada a ação penal antes da constituição definitiva (lançamento definitivo) do tributo.

- **(Cespe/STF/Analista Judiciário – área judiciária/2008)** Dispõe o art. 1.º da Lei 8.137/90 que constitui crime contra a ordem tributária suprimir ou reduzir tributo, ou contribuição social e qualquer acessório, mediante determinadas condutas ali descriminadas. Em tais casos, se o crédito não houver sido lançado definitivamente, o crime não se tipifica, pois o delito é material.

  Resposta: correto (Súmula Vinculante nº 24).

§ 1º Os preceitos desta Lei também se aplicam aos órgãos dos **Poderes Legislativo e Judiciário da União**, quando no desempenho de **função administrativa.**

1. Embora seja uma lei "feita para o Executivo", a LPA também se aplica aos demais poderes, quando estejam no desempenho da função administrativa. Assim, ao Executivo Federal se aplica a LPA de maneira principal; ao Legislativo e ao Judiciário, também se aplica a LPA, mas apenas na função atípica de administrar (função administrativa). Embora a lei nada tenha dito expressamente, também se aplicam as disposições da LPA ao Ministério Público da União, por analogia.

→ **Aplicação em concurso:**

- **(FCC/TRT-24ª Região/Analista área administrativa/2017)** As disposições da Lei n. 9.784/1999 também se aplicam ao Poder Judiciário, quando no exercício de função administrativa.

  Resposta: item correto

- **(FCC/TRF-5/Técnico/2017)** As funções administrativas, típicas do Poder Executivo, conferem relevância ao trâmite dos processos administrativos, possuindo disciplina específica conforme o ente federado em questão, à exemplo da Lei nº 9.784/1999 que

  A) se presta também a disciplinar o trâmite e o procedimento dos processos administrativos no âmbito do Poder Legislativo e do Poder Judiciário, visto que também exercem funções administrativas, de forma atípica.

  B) rege direitos e obrigações no âmbito dos processos administrativos federais que tramitam perante o Poder Executivo, não alcançando aqueles que se processam diante dos outros Poderes, que demandam regulação própria.

  C) impede a movimentação de ofício do processo administrativo sempre que o objeto do mesmo envolver, direta ou indiretamente, apuração de infração disciplinar.

  D) se destina a disciplinar o processo administrativo no âmbito da Administração direta federal, não alcançando a Administração indireta em razão da autonomia e independência dos entes que a integram.

  E) estabelece as garantias dos administrados, introduzindo princípios e direitos a serem observados nos processos administrativos, de forma a excluir quaisquer aspectos discricionários das decisões que venham a ser tomadas nos mesmos e assim garantir o adequado contraditório.

  Resposta: alternativa a

- **(Cespe/MPU/Analista Processual/2010)** A Lei nº 9.784/99 estabelece normas básicas sobre o processo administrativo no âmbito da administração pública direta e indireta, e seus preceitos também se aplicam aos órgãos dos Poderes Legislativo e Judiciário, quando no desempenho de função administrativa.

Resposta: correto.

- **(Cespe/STJ/Técnico/2008)** Quando os membros do Tribunal de Justiça do Distrito Federal e Territórios se reúnem para decidir questões administrativas, têm de observar apenas a respectiva lei de organização judiciária e seu regimento interno, haja vista a Lei n.º 9.784/1999 ser aplicável tão-somente aos órgãos do Poder Executivo da União.

  Resposta: errado. A Lei nº 9.784/99 também se aplica aos Tribunais da União, quando no exercício da função atípica administrativa. Lembre-se que o TJDFT é um Tribunal Federal, já que é organizado, custeado e mantido pela União (CF, art. 21, XIII).

- **(FCC/TRT9/Técnico Judiciário – área administrativa/2013)** As normas sobre processo administrativo postas na Lei no 9.784/99 aplicam-se aos

  A) órgãos do Poder Legislativo e do Poder Judiciário da União, no que se referir ao desempenho de funções administrativas atípicas.

  B) órgãos do Poder Executivo e aos servidores integrantes do quadro da Administração direta, excluídos os afastados e os órgãos dos demais Poderes.

  C) órgãos dos Poderes Executivo, Legislativo e Judiciário, no exercício de suas funções típicas.

  D) servidores dos Poderes Executivo e Legislativo, na realização de suas funções típicas, excluído o Poder Judiciário em razão de sua competência judicante.

  E) órgãos do Poder Executivo integrantes da Administração direta ou indireta, excluídos os órgãos do Poder Legislativo e do Poder Judiciário quando se tratar de realização de função administrativa.

  Gabarito: A (as regras do processo administrativo aplicam-se ao Executivo, no uso da função típica, e aos demais poderes, no exercício da função administrativa, que lhes é atípica).

§ 2º Para os fins desta Lei, consideram-se:

I – **órgão** – a unidade de atuação integrante da estrutura da **Administração direta** e da estrutura da **Administração indireta**;

II – **entidade** – a unidade de atuação **dotada de personalidade jurídica**;

III – **autoridade** – o servidor ou agente público dotado de **poder de decisão.**

1. **Órgãos:** são meras divisões internas da Administração, decorrentes do fenômeno da desconcentração administrativa; não possuem personalidade jurídica própria (autonomia), ou seja, não podem assumir direitos e obrigações em nome próprio. Dessa forma, não possuem patrimônio

próprio, não respondem diretamente pelos atos de seus agentes, não têm, em regra, capacidade para ser parte em processos judiciais e não detém capacidade de autoadministração. Ex.: Secretaria da Receita Federal (SRF), Ministérios.

*** CUIDADO!**

Quanto à capacidade processual dos órgãos, vale destacar a situação dos órgãos de natureza constitucional (notadamente os órgãos independentes e os autônomos), que podem ser parte em processos judiciais nos quais defendam as suas prerrogativas. Nesse sentido, a súmula 525 do STJ: *"A Câmara de Vereadores não possui personalidade jurídica, apenas personalidade judiciária, somente podendo demandar em juízo para defender os seus direitos institucionais"*.

→ **Aplicação em concurso:**

- **(Cespe/PC-MA/Delegado/2018)** Por serem entes despersonalizados, os órgãos públicos não detêm capacidade processual para a defesa de suas prerrogativas e competências.

  Resposta: Item INCORRETO, por negar qualquer possibilidade de capacidade processual aos órgãos, em contrariedade ao que foi exposto.

1.1. Criação e extinção de órgãos. A criação de órgãos do Poder Executivo deve dar-se por meio de lei (CF, art. 88). O mesmo se diga dos órgãos jurisdicionais do Poder Judiciário (CF, art. 96) e dos órgãos da atividade-fim do Ministério Público da União (CF, art. 61, § 1º, II, *d*, c/c art. 128, § 5º). Todavia, os órgãos administrativos dos Tribunais podem ser criados por resolução que altere o regimento interno (CF, art. 96), e os órgãos da Câmara dos Deputados e do Senado Federal são criados, respectivamente, por resolução da Câmara ou do Senado (CF, art. 51, IV, e 52, XIII). Para a extinção dos órgãos, vale o princípio da simetria (paralelismo das formas), ou seja: cargos criados por lei devem ser extintos por lei; cargos criados por resolução devem ser extintos por esse mesmo instrumento jurídico.

▶ **ATENÇÃO!!!** Órgãos públicos não podem ser criados nem extintos por decretos autônomos do Presidente da República (CF, art. 84, VI, *a*).

2. **Entidades ou pessoas jurídicas:** são resultantes do fenômeno da descentralização, compondo a Administração Indireta (são as autarquias, fundações públicas, empresas públicas e sociedades de economia mista); possuem personalidade jurídica própria (autonomia administrativa), isto é, podem assumir em nome próprio direitos e obrigações. Assim, em regra, detêm patrimônio próprio, respondem diretamente pelos atos de seus agentes, têm capacidade de ser parte em processo judicial e possuem capacidade de autoadministração.

→ **Aplicação em concursos:**

- **(FCC/TRT-24ª Região/Analista área administrativa/2017)** A Lei n. 9.784/1999 traz o conceito de "entidade", definindo-a como a unidade de atuação que pode ou não ter personalidade jurídica.

  Resposta: item incorreto. A entidade é caracterizada por, necessariamente, ser dotada de personalidade jurídica.

- **(FCC/TRT14/Analista Judiciário – área judiciária/2011)** Considera-se entidade a unidade de atuação sem personalidade jurídica.

  Resposta: errado. A inexistência de personalidade jurídica caracteriza o órgão, não a entidade.

3. **Autoridade:** é o agente público que possui poder de decisão, ou seja, o agente (que é mais amplo que servidor) que ocupa um cargo que lhe permite decidir processos administrativos.

→ **Aplicação em concursos:**

- **(Cespe/MPU/Técnico Administrativo/2010)** De acordo com a Lei n.º 9.784/1999, entidade é a unidade de atuação dotada de personalidade jurídica, enquanto autoridade é o servidor ou agente público dotado de poder de decisão.

  Resposta: correto.

- **(CESPE/TJDFT/Analista Judiciário – Área Administrativa/2008)** Julgue os itens a seguir, acerca dos órgãos públicos.

  Os órgãos ou entidades integram a estrutura da administração pública indireta.

  Resposta: errado. Os órgãos integram, como regra, a Administração Direta, embora as entidades da Administração Indireta possam, internamente, desconcentrar-se (dividindo-se em órgãos).

- **(CESPE/TJDFT/Analista Judiciário – Área Administrativa/2008)** Os órgãos são centros de competência com personalidade jurídica própria, cuja atuação é imputada aos agentes públicos que os representam.

  Resposta: errado. Os órgãos não possuem personalidade jurídica própria.

- **(CESPE/TRT-1ª Região/Analista Judiciário – Área Judiciária/2008)** "O TRT da 10.ª Região, com sede em Brasília, é entidade integrante da justiça do trabalho."

  Resposta: errado. Os tribunais, os ministérios, as secretarias, são clássicos exemplos de órgãos, não de entidades.

- **(Esaf/Agência Nacional de Águas/Especialista/2009)** "Os órgãos são compartimentos internos da pessoa pública que compõem sua criação bem como sua extinção são disciplinas reservadas à lei".

Resposta: correto. Por força de disposição constitucional (art. 84, VI, a, e art. 88), a criação de órgãos só pode ocorrer por lei, assim como no caso das entidades (art. 37, XIX).

Art. 2º – A Administração Pública obedecerá, **dentre outros**, aos princípios da **legalidade, finalidade, motivação, razoabilidade, proporcionalidade, moralidade, ampla defesa, contraditório, segurança jurídica, interesse público e eficiência.**

▶ **ATENÇÃO!!!** Este é um dos artigos mais importantes e mais cobrados da Lei nº 9.784/99! MEMORIZE-O!!!

1. **Princípios do processo administrativo**: assunto imprescindível no estudo da LPA, trata das normas genéricas que informam todo o sistema da lei, dando-lhe sentido.

1.1. Princípio da legalidade: enquanto, para o particular, o princípio da legalidade é uma norma de liberdade (pode-se fazer tudo o que a lei não proíbe: CF, art. 5º, II), para a Administração, tal princípio representa uma limitação, de modo que a Administração só pode fazer exatamente aquilo que a lei manda, determina (CF, art. 37, *caput*). Ou, como gosta de afirmar o CESPE, "a vontade da Administração é aquela que decorre da lei". Tal princípio também se aplica, claro, ao processo administrativo.

Vale destacar a incorporação, na LPA, da noção mais moderna de legalidade, não se resumindo à lei em sentido estrito (lei ordinária e complementar, editada pelo parlamento), mas impondo à Administração Pública o respeito a todo o chamado "bloco de legalidade" ou "juridicidade" – Lei + Constituição + Princípios (inclusive os implícitos) + Tratados + outras fontes normativas.

Isso fica claro a partir da análise do inciso I do artigo ora tratado, que impõe à Administração Pública uma atuação *"conforme a lei **e o direito**"* (grifou-se).

1.2. Princípio da finalidade: na Constituição, está implícito no princípio da impessoalidade (CF, art. 37, *caput*), mas na LPA veio explicitado, positivado. Significa que o administrador não é dono, mas mero gestor dos recursos e bens públicos; justamente por isso, não pode agir tendo em vista qualquer outro fim que não o interesse público. Derivado da isonomia (CF, art. 5º, *caput*), esse princípio impõe o tratamento igual dos administrados e a busca pela finalidade pública, e não pelo interesse privado do agente público.

Destaque-se que o interesse público a ser buscado, segundo o princípio da finalidade, é o **interesse público primário** (interesse da coletividade), ao qual a administração pública não pode opor qualquer outro interesse – nem mesmo o interesse do próprio Estado (interesse público secundário) pode a ele se sobrepor.

Vale destacar, também, que **todo ato administrativo possui "duas finalidades"**: uma, genérica, presente em todo e qualquer ato – buscar o interesse público; outra, específica, prevista em lei para cada ato administrativo.

Destaque-se, também, que o princípio da finalidade veda a promoção pessoal dos agentes públicos, relacionando-se, novamente, portanto, ao princípio da impessoalidade.

→ **Aplicação em concursos:**

- Sobre a relação entre o princípio da finalidade e o princípio da legalidade, confira a seguinte questão, cobrada pelo Cespe na prova de Consultor Legislativo da Câmara dos Deputados (2014), para a área de Direito Administrativo:

  Os princípios da legalidade e da finalidade, que norteiam os processos administrativos federais, estão intimamente ligados, uma vez que a finalidade de qualquer ato deve estar prevista explícita ou implicitamente na lei.

  Gabarito: correto.

- **(FGV/MPE-AL/Técnico/2018)** Após regular apuração, o Ministério Público constatou que o prefeito do Município Alfa divulgara um informativo, pago com recursos públicos, contendo nomes, símbolos e imagens de sua gestão com o nítido objetivo de promover sua imagem para as próximas eleições.

  Considerando a conduta do prefeito municipal, é correto afirmar que ela afronta, de modo mais intenso, o princípio administrativo da

  A) impessoalidade.

  B) publicidade.

  C) humildade.

  D) autotutela.

  E) eficiência.

  Resposta: alternativa a.

- **(Cespe/STJ/Oficial de Justiça/2018)** Situação hipotética: O prefeito de determinado município promoveu campanha publicitária para combate ao mosquito da dengue. Nos panfletos, constava sua imagem, além do símbolo da sua campanha eleitoral. Assertiva: No caso, não há ofensa ao princípio da impessoalidade.

  Resposta: item incorreto

1.3. Princípio da motivação: embora todo ato administrativo tenha motivo (pressupostos de fato e de direito que justificam a prática do ato), a motivação (exposição dos motivos) nem sempre é imprescindível.

Porém, a LPA previu, no art. 50, os atos que devem ser obrigatoriamente motivados. Além disso, ao erigir a princípio do processo administrativo a motivação, deixou claro que o administrador, sempre que puder, deve motivar o ato, mesmo quando isso não seja obrigatório.

Veja, para aprofundar o entendimento sobre o princípio da motivação, os comentários ao art. 50.

1.4. Princípio da razoabilidade e da proporcionalidade: para fins de concurso público (exceto de nível superior específico da área de Direito), os dois princípios podem ser tomados por sinônimos[2]. Impõem ao administrador público uma atuação equilibrada, de bom-senso, dentro dos parâmetros do que seja uma atuação racional. Já foi cobrada recentemente em prova Cespe a afirmativa, dada como correta, de que tais princípios evitariam uma conduta "tresloucada" do administrador público (em verdade, a questão foi anulada, em virtude de erro de digitação, em decorrência do qual foi escrita a palavra administrado, em vez de administrador; entretanto, o gabarito preliminar deu o item como correto, razão pela qual pode-se considerar verdadeira a ideia central que permeia a afirmação).

São os princípios da razoabilidade e da proporcionalidade os principais responsáveis pela imposição de **limites** à atuação da Administração Pública – limites tanto "para mais" como "para menos". Por isso, pode-se dizer que tais princípios se desdobram em duas vertentes: proibição do excesso (veda que a administração pública exceda no uso de seus poderes, indo além do que a lei lhe permite) e vedação à proteção deficiente de direitos dos administrados (punindo-se, também, a omissão da administração na garantia do direito dos administrados).

Eles impedem, portanto, a aplicação de sanções e imposição de obrigações em medida superior àquelas estritamente necessárias ao interesse público (LPA, art. 2º, VI).

→ **Aplicação em concursos:**

- **(Cespe/STJ/Analista área administrativa/2018)** O princípio da proporcionalidade, que determina a adequação entre os meios e os fins, deve ser obrigatoriamente observado no processo administrativo, sendo vedada a imposição de obrigações, restrições e sanções em medida superior àquelas estritamente necessárias ao atendimento do interesse público.

  Resposta: item correto.

---

2. Para uma análise sobre a diferença entre os dois princípios, confira-se nosso artigo "Razoabilidade e Proporcionalidade no Direito Processual Administrativo Brasileiro", disponível no portal Jus Navigandi (jus.uol.com.br).

Ambos os princípios ora em comento podem ser resumidos na famosa frase de Georg Jellinek, para quem "não se abatem pardais com tiros de canhão". Desdobram-se em três subprincípios: a) adequação (os meios utilizados devem ser aptos a atingir o fim previsto em lei); b) necessidade ou exigibilidade (devem ser utilizados os meios menos gravosos possíveis; só se devem restringir os direitos dos interessados na estrita medida do que for necessário); e c) proporcionalidade em sentido estrito (quantitativamente, os meios utilizados devem ser equilibrados com relação aos fins). São também resumidos como princípio da proibição de excesso.

1.4.1. A velha máxima de que o Judiciário não pode analisar o mérito do ato administrativo deve ser entendida com ressalvas. Realmente, não pode o juiz se substituir ao administrador para analisar conveniência e oportunidade, mas pode e deve, em atenção à inafastabilidade da jurisdição, anular o ato quando o mérito e as escolhas feitas pela Administração se mostrem desarrazoadas ou desproporcionais. Nesse sentido: "Embora o Judiciário não possa substituir-se à Administração na punição do servidor, pode determinar a esta, em homenagem ao princípio da proporcionalidade, a aplicação de pena menos severa, compatível com a falta cometida e a previsão legal". STF, 1ª Turma, RMS nº 24.901/DF, Relator Ministro Carlos Ayres de Britto, DJ de 11.02.2005. CUIDADO! A violação à razoabilidade/proporcionalidade determina a **anulação** do ato, não sua revogação. É que, nesse caso, foi vulnerado o princípio da legalidade: "Ignorar, no âmbito do processo administrativo, a força normativa do princípio da razoabilidade, enquanto mecanismo viabilizador do controle dos atos administrativos, significa incorrer, a rigor, em afronta ao próprio princípio da legalidade" (STJ: 2ª Turma, RMS nº 12.105/PR, Relator Ministro Franciulli Netto, DJ de 20.06.2005); "A EXIGÊNCIA DE RAZOABILIDADE QUALIFICA-SE COMO PARÂMETRO DE AFERIÇÃO DA CONSTITUCIONALIDADE MATERIAL DOS ATOS ESTATAIS. – A exigência de razoabilidade – que visa a inibir e a neutralizar eventuais abusos do Poder Público, notadamente no desempenho de suas funções normativas – atua, enquanto categoria fundamental de limitação dos excessos emanados do Estado, como verdadeiro parâmetro de aferição da constitucionalidade material dos atos estatais" (STF: Pleno, ADIn-MC nº 2.667/DF, Relator Ministro Celso de Mello, DJ de 12.03.2004); "O Poder Judiciário não mais se limita a examinar os aspectos extrínsecos da administração, pois pode analisar, ainda, as razões de conveniência e oportunidade, uma vez que essas razões devem observar critérios de moralidade e razoabilidade" (STJ, 2ª Turma, REsp nº 429.570/GO, Relatora Ministra Eliana Calmon, DJ de 22.03.2004).

1.4.2. Razoabilidade, proporcionalidade e abuso de direito: "A recorrente, ao suspender o fornecimento de energia elétrica em razão de um débito de R$ 0,85, não agiu no exercício regular de direito, e sim com flagrante abuso de direito. Aplicação dos princípios da razoabilidade e proporcionalidade.". STJ: 1ª Turma, REsp nº 811.690/RR, Relatora Ministra Denise Arruda, DJ de 19.06.2006, p. 123.

1.5. Princípio da moralidade: impõe o atendimento aos princípios éticos básicos relativos à boa administração (gestão responsável, equilibrada, planejada e impessoal). Não se confunde com a moralidade privada. Determina que, mais do que só cumprir a lei, o administrador deve seguir os cânones da boa administração (probidade, boa-fé, transparência, participação dos administrados).

A moralidade é condição de validade de todo ato administrativo – assim, o ato praticado em desrespeito a tal princípio é eivado de vício que o torna ilegal.

→ **Aplicação em concursos:**

- **(Cespe/IFF/Administrador/2018)** Os atos da administração pública devem obedecer não somente à lei jurídica, mas também a padrões éticos. Tal característica se refere ao princípio da

  A) finalidade, uma vez que o administrador não pode praticar um ato em interesse próprio.

  B) moralidade, sendo esta pressuposto de validade de todo ato da administração pública.

  C) legalidade, pois a ação do administrador público está condicionada aos mandamentos legais e às exigências do bem comum.

  D) eficiência, conforme o qual a atividade administrativa deve apresentar resultados positivos para o serviço público e satisfatório para a coletividade.

  E) indisponibilidade do interesse público, pois o funcionário público deve cuidar dos interesses da coletividade com ética e em obediência à lei.

  Resposta: alternativa b.

- **(FGV/MPE-AL/Técnico/2018)** Os atos administrativos, além de regidos pelo preceito da legalidade, devem ser analisados sob os aspectos da lealdade, da boa-fé e da honestidade, conforme previsto no princípio da

  A) publicidade.

  B) moralidade.

  C) eticidade.

  D) autotutela.

  E) eficiência.

  Resposta: alternativa b.

Também merece destaque o fato de que a **moralidade a ser observada pela administração pública é a moralidade objetiva, a moralidade administrativa – a visão/concepção pessoal do agente, a sua moral**

individual, é irrelevante para o direito administrativo, e não deve ser levada em conta na prática de um ato pela administração pública.

→ **Aplicação em concursos:**

- **(Cespe/TRE-BA/Analista Judiciário/2017)** A moralidade administrativa é definida com base na concepção pessoal do agente público acerca da conduta administrativa considerada ética.

  Resposta: item incorreto.

1.5.1. Moralidade, impessoalidade, eficiência e proibição do nepotismo: Sobre os princípios da moralidade, impessoalidade e eficiência, o STF editou a súmula vinculante nº 13 (proibição do nepotismo), nos seguintes termos:

> "A NOMEAÇÃO DE CÔNJUGE, COMPANHEIRO OU PARENTE EM LINHA RETA, COLATERAL OU POR AFINIDADE, ATÉ O TERCEIRO GRAU, INCLUSIVE, DA AUTORIDADE NOMEANTE OU DE SERVIDOR DA MESMA PESSOA JURÍDICA INVESTIDO EM CARGO DE DIREÇÃO, CHEFIA OU ASSESSORAMENTO, PARA O EXERCÍCIO DE CARGO EM COMISSÃO OU DE CONFIANÇA OU, AINDA, DE FUNÇÃO GRATIFICADA NA ADMINISTRAÇÃO PÚBLICA DIRETA E INDIRETA EM QUALQUER DOS PODERES DA UNIÃO, DOS ESTADOS, DO DISTRITO FEDERAL E DOS MUNICÍPIOS, COMPREENDIDO O AJUSTE MEDIANTE DESIGNAÇÕES RECÍPROCAS, VIOLA A CONSTITUIÇÃO FEDERAL". CUIDADO! Estão excluídos da proibição do nepotismo, por se tratarem de cargos políticos e não técnicos, os de Ministro de Estado, Secretário de Estado e Secretário Municipal. Essa é uma questão que já foi cobrada em vários concursos, principalmente do Cespe/UnB.

→ **Aplicação em concursos:**

- **(Cespe/AGU/Advogado da União/2009)** Com base no princípio da eficiência e em outros fundamentos constitucionais, o STF entende que viola a Constituição a nomeação de cônjuge, companheiro ou parente em linha reta, colateral ou por afinidade, até o terceiro grau, inclusive, da autoridade nomeante ou de servidor da mesma pessoa jurídica investido em cargo de direção, chefia ou assessoramento, para o exercício de cargo em comissão ou de confiança ou, ainda, de função gratificada na administração pública direta e indireta em qualquer dos poderes da União, dos estados, do Distrito Federal e dos municípios, compreendido o ajuste mediante designações recíprocas.

  Resposta: correto (Súmula Vinculante nº 13).

- **(Cespe/Ministério dos Esportes/Nível Superior/2008)** A nomeação de cônjuge, companheiro ou parente em linha reta, colateral ou por afinidade, até o terceiro grau, inclusive, da autoridade nomeante ou de servidor da mesma pessoa jurídica investido em cargo de direção, chefia ou assessoramento, para o exercício de cargo em comissão ou de confiança ou, ainda, de função gratificada na administração pública federal direta e indireta viola a CF.

  Resposta: correto (Súmula Vinculante nº 13).

- **(Cespe/AGU/Advogado da União/2009)** Considere que Platão, governador de estado da Federação, tenha nomeado seu irmão, Aristóteles, que possui formação superior na área de engenharia, para o cargo de secretário de estado de obras. Pressupondo-se que Aristóteles atenda a todos os requisitos legais para a referida nomeação, conclui-se que esta não vai de encontro ao posicionamento adotado em recente julgado do STF.

  Resposta: correto (o cargo de Secretário de Estado não está abrangido pela proibição do nepotismo).

1.6. Princípios da ampla defesa e do contraditório: ambos possuem previsão no art. 5º, LV, da CF. A ampla defesa traduz o direito que tem o interessado de, quando acusado, defender-se das acusações da maneira mais ampla e livre possível. Traduz-se nos direitos de presença, audiência e petição. Por outro lado, o princípio do contraditório (associado ao princípio da paridade de armas) determina que o interessado tem o direito de se manifestar no processo, contraditando (contradizendo) as argumentações que lhe sejam contrárias. Assim, sempre que a Administração produzir uma prova, deve ser dada ao interessado a oportunidade de também produzir prova ou sobre ela se manifestar. Contraditório, então, é prova e contraprova, argumentação e contra-argumentação.

1.6.1. Súmulas vinculantes que tratam de ampla defesa e contraditório

Nº	Texto	Explicação	Observação
5	A FALTA DE DEFESA TÉCNICA POR ADVOGADO NO PROCESSO ADMINISTRATIVO DISCIPLINAR NÃO OFENDE A CONSTITUIÇÃO.".	No processo administrativo (ao contrário do processo judicial), mesmo no PAD, a presença de advogado é **facultativa**.	Nos processos judiciais, a presença de advogado é obrigatória, salvo situações especiais, como o *habeas corpus*.
3	NOS PROCESSOS PERANTE O TRIBUNAL DE CONTAS DA UNIÃO ASSEGURAM-SE O CONTRADITÓRIO E A AMPLA DEFESA QUANDO DA DECISÃO PUDER RESULTAR ANULAÇÃO OU REVOGAÇÃO DE ATO ADMINISTRATIVO QUE BENEFICIE O INTERESSADO, EXCETUADA A APRECIAÇÃO DA LEGALIDADE DO ATO DE CONCESSÃO INICIAL DE APOSENTADORIA, REFORMA E PENSÃO.".	Em regra, o TCU tem que dar ampla defesa e contraditório sempre que for determinar a anulação ou revogação de um ato administrativo benéfico ao interessado. Só **não** é preciso dar ampla defesa e contraditório quando for apreciar a concessão de aposentadoria, reforma (aposentadoria do militar) ou pensão	Mesmo no caso de aposentadoria, reforma e pensão, a jurisprudência do STF entende que devem ser dados ampla defesa e contraditório se o ato de concessão inicial a ser analisado pelo TCU tiver sido praticado há mais de cinco anos.

Nº	Texto	Explicação	Observação
21	É INCONSTITUCIONAL A EXIGÊNCIA DE DEPÓSITO OU ARROLAMENTO PRÉVIOS DE DINHEIRO OU BENS PARA ADMISSIBILIDADE DE RECURSO ADMINISTRATIVO.".	A exigência de pagamento de custas é feita para o ingresso no poder Judiciário. Porém, para propor um recurso administrativo, **não é exigido o pagamento antecipado de qualquer valor**, pois o art. 5º, XXXIV, *a*, assegura a gratuidade do direito de petição perante os poderes públicos.	Para processos **judiciais**, é preciso pagar as chamadas custas processuais.
14	É DIREITO DO DEFENSOR, NO INTERESSE DO REPRESENTADO, TER ACESSO AMPLO AOS ELEMENTOS DE PROVA QUE, JÁ DOCUMENTADOS EM PROCEDIMENTO INVESTIGATÓRIO REALIZADO POR ÓRGÃO COM COMPETÊNCIA DE POLÍCIA JUDICIÁRIA, DIGAM RESPEITO AO EXERCÍCIO DO DIREITO DE DEFESA".	Trata-se do direito do defensor de ter vista dos autos do inquérito, a fim de defender o cliente.	Ressalvam-se as provas ainda não documentadas (=as que ainda estão sendo produzidas), como escutas telefônicas.

→ **Aplicação em concursos:**

- **(Cespe/TJ-CE/Juiz/2018)** O princípio da ampla defesa impõe a participação de advogado em todas as fases do procedimento administrativo disciplinar.

  Resposta: item incorreto, dada a contrariedade com o teor da súmula vinculante nº 5.

- **(Cespe/TRE-BA/Técnico/2017)** Em qualquer caso, o administrado tem o dever de fazer-se assistir por advogado para que sejam observados os princípios constitucionais do contraditório e da ampla defesa.

  Resposta: item incorreto.

- **(Cespe/PC-GO/Delegado/2017)** Conforme o Supremo Tribunal Federal, é obrigatória a representação por advogado para o exercício do direito à recorribilidade de decisão proferida em processo administrativo.

  Resposta: item incorreto

- **(Cespe/Abin/Oficial técnico de inteligência/2018)** A admissão do recurso administrativo independe da comprovação do depósito prévio das custas.

  Resposta: item correto, por estar de acordo com o enunciado da súmula vinculante nº 21.

- **(Cespe/TJDFT/Juiz/2016)** Nos processos perante o TCU, em que há apreciação da legalidade do ato de concessão inicial de aposentadoria, é prescindível assegurar-se o contraditório e a ampla defesa, a despeito do decurso de qualquer lapso temporal.

  Resposta: errado. Embora realmente não seja, em regra, necessário dar ampla defesa e contraditório quando se trata da apreciação de legalidade do ato de concessão inicial de aposentadoria, reforma ou pensão (Súmula Vinculante nº 3, parte final), o STF entende que, se já decorrerem mais de cinco anos entre a concessão inicial e a análise pelo TCU, será preciso intimar o interessado para que se manifeste. Em outras palavras: a expressão "a despeito do decurso de qualquer lapso temporal" tornou a questão errada.

- **(Cespe/DPDF/Defensor/2013)** Considere que, negado o pleito de um indivíduo perante a administração pública, o chefe da respectiva repartição pública tenha inadmitido o recurso administrativo sob a alegação de que o recorrente não teria apresentado prévio depósito ou caução, exigidos por lei. Nessa situação hipotética, o agente público agiu de acordo com o ordenamento jurídico brasileiro, visto que, segundo entendimento do STF, a exigência de depósito ou caução pode ser realizada desde que amparada por lei.

  Resposta: errado (a exigência é inconstitucional, em virtude da Súmula Vinculante nº 21, segundo a qual é vedada a exigência de garantia de instância (caução) como condição de admissibilidade de recurso administrativo).

- **(Cespe/TJDFT/Juiz/2016)** A falta de intervenção de advogado, em atos do processo administrativo disciplinar, impõe a nulidade absoluta.

  Resposta: Errado (Súmula Vinculante nº 5).

1.7. Princípio da segurança jurídica: trata-se da estabilidade das relações jurídicas, de saber que algo que foi decidido hoje vai continuar a valer amanhã e depois. O processo administrativo deve respeitar o direito adquirido, o ato jurídico perfeito e a coisa julgada (CF, art. 5º, XXXVI), pois um dos fins do processo é justamente resguardar a estabilidade das relações jurídicas, evitando que a todo momento haja mudanças desnecessárias.

Uma decorrência desse princípio é a proibição de que seja aplicada a fatos passados uma nova interpretação – ou, nos termos da lei, a proibição ABSOLUTA de aplicação retroativa de nova interpretação (LPA, art. 2º, § único, XIII).

CUIDADO!

É comum, em provas de concurso, as bancas tentarem induzir a erro o candidato, afirmando que é vedada a aplicação retroativa de nova interpretação, salvo quando ela melhor atender ao interesse público. Tal afirmativa É FALSA. A lei não traz expressa nenhuma exceção à vedação à aplicação retroativa de nova interpretação. Em item cobrado na prova de Técnico Judiciário do TRT-20ª Região, aplicada em 2016, a FCC considerou correta a afirmação de que a vedação à aplicação retroativa de nova interpretação é uma vedação absoluta (não admite exceções).

→ **Aplicação em concursos:**

- **(Cespe/STJ/Analista área administrativa/2018)** Em decorrência do princípio da segurança jurídica, é proibido que nova interpretação de norma administrativa tenha efeitos retroativos, exceto quando isso se der para atender o interesse público.

  Resposta: Item Incorreto, conforme comentários supra.

- **(Cespe/TRE-PE/Analista área judiciária/2017)** Conforme a Lei n.º 9.784/1999, nos processos administrativos, a administração pública está proibida de aplicar nova interpretação de forma retroativa, em decorrência do princípio do(a)

  A) segurança jurídica.

  B) legalidade.

  C) informalismo ou formalismo mitigado.

  D) oficialidade.

  E) finalidade.

  Resposta: alternativa a.

1.8. Princípio do interesse público: o processo busca sempre a realização do interesse público. Assim, não serve nem à tutela do interesse privado do administrado nem à do interesse da Administração, se tais não coincidirem com o interesse da coletividade (bem comum ou bem público).

1.9. Princípio da eficiência: tem sede constitucional (art. 37, *caput*) e determina que o processo administrativo deve equilibrar qualidade (justiça) e rapidez; deve trazer uma decisão justa e no menor tempo possível. Deve atingir o maior benefício com o menor custo possível, tendo vista realizar os objetivos da Administração Pública.

→ **Aplicação em concurso:**

- **(ESAF/PFN/2007)** "Nos processos perante o Tribunal de Contas da União asseguram-se o contraditório e a ampla defesa quando da decisão puder resultar anulação, cassação ou suspensão de ato administrativo que beneficie o interessado, excetuada a apreciação da legalidade do ato de concessão inicial de aposentadoria, reforma e pensão".

  Resposta: errado. A Súmula Vinculante nº 3 não exige ampla defesa e contraditório quando da mera suspensão de ato administrativo.

- **(Cespe/TJDFT/Analista judiciário – área administrativa/2008)** Conforme o princípio da publicidade, os atos praticados pelo TJDFT devem receber ampla divulgação, com exceção das hipóteses de sigilo previstas na Constituição Federal ou em lei".

Resposta: correto. Por ser um órgão jurisdicional administrativamente vinculado à União, ao TJDFT aplicam-se as disposições da LPA, inclusive quanto ao princípio da publicidade.

- **(FCC/Analista Judiciário –Área Judiciária – TRE Acre/2007)** "No âmbito da Administração Federal direta e indireta, os processos administrativos deverão observar diversos critérios, sendo certo que o Poder Judiciário da União, quando desempenhar função administrativa, está obrigado a essa observância. É INCORRETO afirmar que um desses critérios é a

  A) indicação dos pressupostos de fato e de direito que determinarem a decisão.

  B) impulsão, de ofício, do processo administrativo, sem prejuízo da atuação dos interessados.

  C) divulgação oficial dos atos administrativos com total transparência, vedado o sigilo.

  D) atuação segundo padrões éticos de probidade, decoro e boa-fé.

  E) observância das formalidades essenciais à garantia dos direitos dos administrados".

  Resposta: C. O sigilo não é vedado, apenas é tratado como uma hipótese excepcional.

- **(Esaf/CGU/Analista de finanças e controle – área correição/2008)** "Quanto à aplicação de princípios constitucionais em processos administrativos, é entendimento pacificado no Supremo Tribunal Federal, constituindo súmula vinculante para toda a administração e tribunais inferiores, que, nos processos perante o Tribunal de Contas da União, asseguram-se o contraditório e a ampla defesa

  A) mesmo quando da decisão não resultar anulação ou revogação de ato administrativo que beneficie o interessado, inclusive a apreciação da legalidade do ato de concessão inicial de aposentadoria, reforma e pensão.

  B) quando da decisão puder resultar anulação ou revogação de ato administrativo que beneficie o interessado, sem exceção.

  C) quando da decisão puder resultar anulação ou revogação de ato administrativo que beneficie o interessado, excetuada a apreciação da legalidade do ato de concessão inicial de aposentadoria, reforma e pensão.

  D) quando da decisão puder resultar anulação ou revogação de ato administrativo que beneficie o interessado, inclusive na apreciação da legalidade do ato de concessão inicial de aposentadoria, reforma e pensão.

  E) quando da decisão puder resultar anulação ou revogação de ato administrativo que beneficie o interessado, inclusive a apreciação da legalidade do ato de concessão inicial de aposentadoria, exceto reforma e pensão".

  Resposta: C. Súmula Vinculante nº 3.

- **(FCC/Auditor – TC-PI/2005)** "É nota peculiar do processo administrativo a

  A) ampla incidência do princípio da oficialidade.

  B) ocorrência apenas da coisa julgada material.

  C) ausência do contraditório.

  D) ausência da defesa técnica.

  E) não previsão de tipicidade e de prazos recursais".

  Resposta: Não há que se falar em coisa julgada na esfera administrativa (letra B). Mesmo os autores que a admitem (como Celso Antonio Bandeira de Mello), cogitam da existência de coisa "julgada" meramente formal, e não material. As letras C e D estão incorretas porque, no processo administrativo, são aplicáveis os princípios do contraditório e da ampla defesa. E a alternativa E também está incorreta, pois a lei prevê os recursos e os respectivos prazos (arts. 56 e seguintes).

- **(Cespe/TRF5/Juiz Federal/2007)** "O tribunal de contas, ao julgar a legalidade da concessão de aposentadoria, exerce o controle externo que lhe foi atribuído pela Constituição, estando, em tal momento, condicionado pelo princípio do contraditório".

  Resposta: errado. Em regra, não é exigível o contraditório quando o tribunal de contas aprecia a concessão inicial de legalidade de aposentadoria, reforma ou pensão (Súmula Vinculante nº 3).

- **(Cespe/Procurador do Município de Aracaju/2008)** "O contraditório e a ampla defesa não são exigíveis nos casos em que o tribunal de contas aprecie a legalidade de aposentadoria ou pensão".

  Resposta: correto. Súmula Vinculante nº 3.

- **(TRF4/Juiz Federal/2005)** Porque sujeito a uma vinculação absoluta, ao agente público não lhe é lícito valer-se dos princípios da razoabilidade e da proporcionalidade para pautar a atividade administrativa.

  Resposta: errado.

- **(FCC/TCE – AM/Assistente de Controle Externo/2008)** O princípio constitucional que exige da administração pública ação rápida e precisa para produzir resultados que satisfaçam as necessidades da população denomina-se princípio da

  A) legalidade.

  B) eficiência.

  C) moralidade.

  D) proporcionalidade.

  E) razoabilidade.

  Resposta: B.

- **(Cespe/STF/Técnico Judiciário/2008)** A exigência de que o administrador público atue com diligência e racionalidade, otimizando o aproveitamento dos recursos públicos para obtenção dos resultados mais úteis à sociedade, se amolda ao princípio da continuidade dos serviços públicos.

Resposta: errado (trata-se do princípio da eficiência).

- **(Cespe/Ministério dos Esportes/Nível Superior/2008)** A inauguração de uma praça de esportes, construída com recursos públicos federais, e cujo nome homenageie pessoa viva, residente na região e eleita deputado federal pelo respectivo estado, não chega a configurar promoção pessoal e ofensa ao princípio da impessoalidade.

  Resposta: errado (há violação ao princípio da impessoalidade).

- (Cespe/TRF5/Juiz Federal/2009) Considere que Paulo tenha respondido a processo administrativo disciplinar e optado por nomear como seu defensor um colega de trabalho que não era nem advogado nem bacharel em direito. Nessa situação hipotética, caracteriza-se violação ao princípio da ampla defesa.

  Resposta: errado (segundo a Súmula Vinculante nº 5, a presença de advogado no PAD é facultativa).

- **(Cespe/TRF5/Juiz Federal/2009)** Suponha que seja construído grande e moderno estádio de futebol para sediar os jogos da copa do mundo de 2014 em um estado e que o nome desse estádio seja o de um político famoso ainda vivo. Nessa situação hipotética, embora se reconheça a existência de promoção especial, não há qualquer inconstitucionalidade em se conferir o nome de uma pessoa pública viva ao estádio.

  Resposta: errado (há violação ao princípio da impessoalidade).

Parágrafo único. Nos processos administrativos serão observados, entre outros, os critérios de:

I - atuação conforme a lei e o Direito;

II – atendimento a **fins de interesse geral, vedada a renúncia total ou parcial de poderes ou competências**, salvo autorização em lei;

III – objetividade no atendimento do interesse público, **vedada a promoção pessoal de agentes ou autoridades**;

IV – atuação segundo padrões **éticos** de **probidade, decoro e boa-fé;**

V – **divulgação oficial dos atos** administrativos, ressalvadas as **hipóteses de sigilo** previstas na Constituição;

1. **Princípio da publicidade:** trata-se do dever geral do administrador de prestar contas, tornando públicos todos os atos administrativos, a não ser quando relativos à segurança do Estado ou à intimidade do administrado. Logo, os atos do processo administrativo são, via de regra, públicos e acessíveis ao público, embora admitidas as exceções referidas.

- **(Cespe/TRT 8ª Região/Analista Judiciário/2016)** A publicidade, princípio basilar da administração pública, não pode sofrer restrições.

  Resposta: item incorreto. A publicidade pode sofrer restrições, notadamente diante dos imperativos constitucionais relativos à segurança do Estado ou à intimidade do administrado.

- **(Cespe/FUB/Auxiliar em Administração/2016)** Como um dos princípios da administração pública brasileira, a publicidade destina-se a garantir a transparência dos atos dos agentes públicos.

  Resposta: item correto.

- **(FCC/TRT 23ª Região – MT/Técnico Judiciário Área Administrativa/2016)** O Supremo Tribunal Federal, em importante julgamento, considerou legítima a publicação, inclusive em sítio eletrônico mantido pela Administração pública, dos nomes dos seus servidores e do valor dos correspondentes vencimentos e vantagens pecuniárias, não havendo qualquer ofensa à Constituição Federal, bem como à privacidade, intimidade e segurança dos servidores. Pelo contrário, trata-se de observância a um dos princípios básicos que regem a atuação administrativa, qual seja, o princípio específico da

  A) proporcionalidade.

  B) eficiência.

  c) presunção de legitimidade.

  d) discricionariedade.

  e) publicidade

  Resposta: alternativa e.

VI – adequação entre meios e fins, vedada a imposição de obrigações, restrições e sanções em **medida superior àquelas estritamente necessárias** ao atendimento do interesse público;

→ **Jurisprudência do STF:**

> *"Embora o Judiciário não possa substituir-se à Administração na punição do servidor, pode determinar a esta, em homenagem ao princípio da proporcionalidade, a aplicação de pena menos severa, compatível com a falta cometida e a previsão legal".* 1ª Turma, RMS nº 24.901/DF, Relator Ministro Carlos Ayres de Britto, DJ de 11.02.2005, p. 13.
>
> *"A EXIGÊNCIA DE RAZOABILIDADE QUALIFICA-SE COMO PARÂMETRO DE AFERIÇÃO DA CONSTITUCIONALIDADE MATERIAL DOS ATOS ESTATAIS. – A exigência de razoabilidade – que visa a inibir e a neutralizar eventuais abusos do Poder Público, notadamente no desempenho de suas funções normativas – atua, enquanto categoria fundamental de limitação dos excessos emanados do Estado, como verdadeiro*

parâmetro de aferição da constitucionalidade material dos atos estatais". STF: Pleno, ADIn-MC nº 2.667/DF, Relator Ministro Celso de Mello, DJ de 12.03.2004, p. 36

VII – indicação dos **pressupostos de fato e de direito** que determinarem a decisão;

VIII – observância das **formalidades essenciais** à garantia dos direitos dos administrados;

1. **Princípio do informalismo**: a forma é um elemento dos atos administrativos; porém, no processo administrativo, a forma não é mais importante que os objetivos a serem alcançados.

→ **Aplicação em concurso:**

- **(Cespe/TJ-CE/Juiz/2018)** Conforme o princípio do formalismo moderado, os atos do processo administrativo não dependem de forma determinada, salvo por exigência legal.

  Resposta: item correto.

- **(Cespe/Prefeitura de Fortaleza/Procurador do Município/2017)** No processo administrativo, vige o princípio do formalismo moderado, rechaçando-se o excessivo rigor na tramitação dos procedimentos, para que se evite que a forma seja tomada como um fim em si mesma, ou seja, desligada da verdadeira finalidade do processo.

  Resposta: item correto.

Por isso, os atos do processo administrativo não dependem de qualquer forma, a não ser que a lei expressamente a preveja. São imprescindíveis apenas as formalidades que sejam essenciais à garantia dos direitos dos administrados, como a exigência de que os atos sejam praticados por escrito e que as páginas do processo sejam rubricadas e numeradas.

Entretanto, apesar da exigência dessa forma mínima, existe um caso que até mesmo a forma escrita é relativizada pela lei: o requerimento inicial do interessado, que, em algumas hipóteses, pode ser formulado verbalmente (tema visto em mais detalhes adiante, no estudo do art. 6º).

IX – adoção de **formas simples**, suficientes para propiciar adequado grau de **certeza, segurança e respeito aos direitos dos administrados**;

X – garantia dos direitos à **comunicação**, à apresentação de **alegações finais**, à produção de **provas** e à interposição de **recursos**, nos processos de que possam resultar sanções e nas situações de litígio;

XI – proibição de cobrança de despesas processuais, ressalvadas as previstas em lei;

1. Geralmente, não se cobram custas ou despesas processuais no processo administrativo, ressalvados os casos especificamente previstos em lei, que devem ser excepcionais.

→ **Jurisprudência:**

STF, Pleno, RE 388.359/PE, Relator Ministro Marco Aurélio: "RECURSO ADMINISTRATIVO – DEPÓSITO – § 2º DO ARTIGO 33 DO DECRETO Nº 70.235/72 – INCONSTITUCIONALIDADE. A garantia constitucional da ampla defesa afasta a exigência do depósito como pressuposto de admissibilidade de recurso administrativo."

"Esse entendimento foi sumulado pelo STF, constituindo a Súmula Vinculante nº 21: "É INCONSTITUCIONAL A EXIGÊNCIA DE DEPÓSITO OU ARROLAMENTO PRÉVIOS DE DINHEIRO OU BENS PARA ADMISSIBILIDADE DE RECURSO ADMINISTRATIVO.".

XII – **impulsão, de ofício**, do processo administrativo, sem prejuízo da atuação dos interessados;

1. **Princípio da impulsão de ofício (oficialidade):** O processo administrativo inicia-se e se desenvolve independentemente da atuação dos administrados, em decorrência do princípio da autotutela da Administração. Assim, não é preciso a atuação do administrado para que o processo seja iniciado; ao contrário, a maioria dos processos administrativos começa por iniciativa da própria administração, como adiante veremos. Ademais, mesmo quando o processo comece a pedido do interessado, pode continuar independentemente da atuação dele, se houver interesse da Administração.

→ **Aplicação em concurso:**

- **(Cespe/PC-PE/Agente/2016)** O processo administrativo rege-se pelo princípio da inércia: deverá ser impulsionado pela atuação dos interessados, sendo vedada a sua impulsão de ofício pela autoridade julgadora.

  Resposta: errado (o processo administrativo pode, sim, ser iniciado de ofício).

- **(Cespe/TRE-TO/Analista área judiciária/2017)** A Lei n.º 9.784/1999, ao prever que, sem prejuízo da atuação dos interessados, o processo administrativo no âmbito federal pode ser impulsionado pela própria administração, declara o princípio da(o)

  A) finalidade.

  B) concordância prática.

  C) informalismo.

  D) gratuidade.

  E) oficialidade.

  Resposta: alternativa e

- **(Cespe/MPU/Analista Processual/2010)** O processo administrativo pauta-se por uma série de princípios que devem ser observados pelas autoridades, entre os quais se inclui o impulso de ofício, que lhes permite adotar as medidas necessárias à adequada instrução do processo.

  Resposta: correto.

- **(Cespe/Bacen/Procurador/2009)** O processo administrativo iniciar-se-á somente a pedido de interessado.

  Resposta: errado.

> XIII – interpretação da norma administrativa da forma que melhor garanta o atendimento do fim público a que se dirige, **vedada aplicação retroativa de nova interpretação.**

1. **Vedação à aplicação retroativa de nova interpretação:** trata-se de uma decorrência do princípio da segurança jurídica.

   → **Aplicação em concurso:**

   - **(FCC/TRT14/Técnico/2016)** No curso de determinado processo administrativo de âmbito federal, a norma administrativa em discussão foi devidamente interpretada e, em seguida, extinto o processo. Posteriormente, a Administração pública deu nova interpretação à mesma norma, e desarquivou o mencionado processo administrativo para aplicá-la retroativamente. Nos termos da Lei nº 9.784/1999 só será possível a aplicação retroativa de nova interpretação quando deferida pelo Chefe do Poder Executivo é possível aplicação retroativa de nova interpretação, desde que em prol do interesse particular sempre será possível a aplicação retroativa de nova interpretação só será possível a aplicação retroativa de nova interpretação quando postulada pelo particular é vedada aplicação retroativa de nova interpretação

     Resposta: e.

   - Analista de Controle Externo/Tribunal de Contas da União 2008 (Cespe)

     Durante dez anos, Maria ocupou cargo de chefia na concessão de benefícios previdenciários de uma autarquia federal. Tendo em vista a divergência na aplicação de determinada norma, Maria emitiu uma ordem de serviço que disciplinava a concessão do benefício em determinadas hipóteses, acreditando que a sua interpretação, naquele caso, seria a melhor. No último mês, Maria foi substituída por Pedro, que, não concordando com aquela interpretação, resolveu anular a ordem de serviço em vigor e rever todos os benefícios concedidos com base nela. Com base nessa situação hipotética, julgue os seguintes itens.

     Considerando que a antiga interpretação fosse uma das interpretações possíveis, a primeira ordem de serviço não deveria ter sido anulada, mas sim revogada, passando a nova interpretação a incidir apenas sobre os fatos posteriores.

Resposta: correto. Não se trata de vício de legalidade, que justifique a anulação. Como a interpretação era possível, a nova posição não pode ser aplicada de forma retroativa.

- **(Cespe/CNPq/Analista/2011)** Nos processos administrativos, nova interpretação dada pela administração pública sobre determinada matéria deve ser aplicada retroativamente.

  Resposta: errado. Em respeito à segurança jurídica, é vedada a aplicação retroativa de nova interpretação (art. 2º, parágrafo único, XIII, parte final).

2. Princípios implícitos na LPA:

2.1. Devido processo legal (*due process of law*): cuida-se de garantia antiga, que remonta à Magna Charta de João Sem-Terra, em que a cláusula *law of the land* impedia que alguém fosse julgado de acordo com a lei da sua terra. Significa que "ninguém será privado da sua liberdade ou dos seus bens sem o devido processo legal" (art. 5º, LIV). Trata-se, então, de um mandamento de respeito às regras do jogo. O processo é um instrumento estatal, e o Estado está submetido ao Direito (Estado de Direito); logo, o processo só será legítimo se se desenvolver dentro das regras previstas em lei, configurando um processo limpo (*fair trial*). Esse é o chamado devido processo legal formal (respeito às regras processuais). Atualmente já se fala num devido processo legal substantivo ou material, consistente na busca de uma decisão materialmente justa. Perceba-se que o conceito de justiça aqui é objetivo: decisão justa é aquela que é: a) tomada por uma autoridade imparcial; b) adequadamente motivada; e c) razoável e proporcional. O devido processo legal é, no dizer da doutrina, o princípio-mãe de todos os outros princípios processuais.

Devido processo legal:

- Formal – respeito às regras processuais, respeito às leis (*fair trail*)
- Substantivo – Busca de uma decisão materialmente justa (o conteúdo tem que ser justo). Decisão é tomada por uma autoridade imparcial, adequadamente motivada, razoável/proporcional.

  A) Justa em sentido objetivo (decisão materialmente justa), é aquela que:

  I) A decisão tomada por uma autoridade imparcial

  Ii) A decisão tem que ser motivada (exceção: decisão de recebimento de denúncia não precisa ser motivada)

  Iii) A decisão tem que ser razoável e proporcional.

2.2. Celeridade e razoabilidade no trâmite processual (CF, art. 5º, LXXVIII): trata-se de inciso que foi incluído na CF por força da EC 45/04, buscando tornar mais ágil a prestação jurisdicional. Cabe, então, ao legislador desenvolver esse mandamento, para deixar em níveis pelo menos aceitáveis a demora na atividade jurisdicional brasileira.

→ **Aplicação em concursos:**

- **(CESPE/TJ-PI/Juiz/2007)** O direito fundamental à razoável duração do processo e aos meios que garantam a celeridade de sua tramitação se estende ao processo administrativo por expressa determinação da CF.

  Resposta: correto. Embora esteja apenas implícito na Lei nº 9.784/99, o princípio da razoável duração do processo está expressamente previsto no art. 5º, LXXVIII, da CF (incluído pela EC 45/04).

- **(Cespe/TRE-MT/Analista Judiciário – Área Judiciária/2010)** O direito à duração razoável do processo, tanto no âmbito judicial quanto no âmbito administrativo, é um direito fundamental previsto expressamente na CF.

  Resposta: correto.

2.3. Verdade real (material): é objetivo do processo administrativo alcançar a verdade real, a verdade dos fatos, e não apenas a verdade formal. Busca-se o real, e não o que está nos autos. É por isso que a revelia (art. 27) não importa confissão dos fatos.

3. Quadro-resumo dos princípios:

	Na Constituição	Na Lei de Processo Administrativo
Legalidade	Explícito (37, *caput*)	Explícito (art. 2º, *caput*)
Finalidade	Implícito	Explícito (art. 2º, *caput*)
Motivação	Implícito	Explícito (art. 2º, *caput*)
Razoabilidade e proporcionalidade	Implícito	Explícito (art. 2º, *caput*)
Moralidade	Explícito (37, *caput*)	Explícito (art. 2º, *caput*)
Ampla defesa e contraditório	Explícito (5º, LV)	Explícito (art. 2º, *caput*)
Segurança jurídica	Explícito (5º, *caput*)	Explícito (art. 2º, *caput*)
Interesse público	Implícito	Explícito (art. 2º, *caput*)
Eficiência	Explícito (37, *caput*)	Explícito (art. 2º, *caput*)
Publicidade	Explícito (37, *caput*)	Explícito (art. 2º, p.u., V)
Impessoalidade	Explícito (37, *caput*)	Explícito (art. 2º, p.u., II e III)
Informalismo	Implícito	Explícito (art. 2º, p.u., VIII e IX)
Impulsão de ofício (oficialidade)	Implícito	Explícito (art. 2º, p.u., XII)

	Na Constituição	Na Lei de Processo Administrativo
Vedação à aplicação retroativa de nova interpretação	Implícito	Explícito (art. 2º, p.u., XIII)
Devido processo legal	Explícito (5º, LIV)	Implícito
Razoável duração do processo	Explícito (5º, LXXVIII)	Implícito
Verdade real	Implícito	Implícito

Explícitos na CF e na LPA	Implícitos na CF e explícitos na LPA	Implícitos na CF e na LPA
Legalidade, impessoalidade, moralidade, publicidade, eficiência, segurança jurídica, ampla defesa, contraditório	Finalidade, motivação, razoabilidade/proporcionalidade, interesse público, informalismo, impulsão de ofício, vedação à interpretação retroativa	Verdade real

→ **Aplicação em concursos:**

- **(Cespe/TJ-CE/Juiz/2018)** Por força do princípio da verdade material, admite-se a utilização, em processo administrativo, de provas obtidas por meio ilícito, desde que produzidas de boa-fé.

  Resposta: Item incorreto. O princípio da verdade material não pode afastar a legalidade. Assim, deve-se aplicar a vedação presente na própria LPA, no sentido de proibir-se a utilização de provas ilícitas no processo administrativo.

- **(Cespe/ECT/Administrador/2011)** Os princípios da razoabilidade e da proporcionalidade, embora não estejam mencionados no texto constitucional, estão previstos, de forma expressa, na lei que rege o processo administrativo federal.

  Resposta: correto.

- **(Cespe/STF/Analista Judiciário – Área administrativa/2008)** Os princípios da razoabilidade e da proporcionalidade estão previstos de forma expressa na CF.

  Resposta: errado (estão expressos na LPA, mas não na CF).

- **(Cespe/Ministério dos Esportes/Nível Superior/2008)** Legalidade, impessoalidade, moralidade, publicidade e eficiência são princípios constitucionais da administração pública.

  Resposta: correto.

- **(FCC/TRT24/Analista Judiciário – área administrativa/2011)** De acordo com Lei no 9.784/1999, no processo administrativo será observado, dentre outros, o critério de

  A) garantia dos direitos à comunicação, à apresentação de alegações finais, à produção de provas e à interposição de recursos, nos processos de que possam resultar sanções e nas situações de litígio.

  B) impulsão do processo administrativo mediante atuação dos interessados, vedada a impulsão, de ofício, pela Administração Pública.

  C) cobrança de despesas processuais, não havendo tal cobrança apenas em hipóteses excepcionais previstas em lei.

  D) interpretação da norma administrativa da forma que melhor garanta o atendimento do fim público a que se dirige, permitida a aplicação retroativa de nova interpretação.

  E) atendimento a fins de interesse geral, permitida, em regra, a renúncia total ou parcial de poderes ou competências.

  Resposta: A. A alternativa "B" está incorreta porque, embora se admita a iniciativa do particular, a Lei prevê o princípio da impulsão de ofício. A alternativa "C" também não é viável, pois esbarra na Súmula Vinculante 21, que proíbe tal cobrança. Já a letra "D" contraria o art. 2º, parágrafo único, XIII, parte final, que veda a aplicação retroativa de nova interpretação. Por fim, a alternativa "E" confronta o artigo 2º, parágrafo único, II, que proíbe a renúncia de poderes ou competências.

- **(FCC/TCE-PI/Auditor/2014)** No que concerne aos princípios aplicáveis ao processo administrativo é correto afirmar:

  A) É instaurado a pedido do interessado, sendo vedada à Administração a atuação de ofício, em razão do princípio da inércia.

  B) Não há impedimento à utilização de provas obtidas por meio ilícito, em obediência aos princípios da oficialidade, da verdade real e da economia processual.

  C) A instauração pode dar-se de ofício, em atendimento ao princípio da oficialidade.

  D) A instauração pode dar-se de ofício, em atendimento ao princípio da oficialidade, ou a pedido do interessado, que, no entanto, no que diz respeito à instrução, está impedido de provar os fatos que alega, em respeito ao princípio do impulso oficial.

  E) É vedado ao interessado a participação nos atos do processo, em respeito ao princípio do interesse público, direito assegurado apenas no processo judicial.

  Resposta: C.

- **(Cespe/TRE-GO/Técnico Judiciário/2009)** Assinale a opção correspondente a princípio constitucional aplicável à administração pública, porém não previsto expressamente na CF, Capítulo VII, Seção I, art. 37, que trata das disposições gerais aplicáveis à administração pública.

A) princípio da moralidade

B) princípio da proporcionalidade

C) princípio da eficiência

D) princípio da impessoalidade

Resposta: B.

- **(Cespe/Anac/Especialista/2009)** São princípios da administração pública expressamente previstos na CF: legalidade, impessoalidade, moralidade, publicidade, eficiência e motivação.

  Resposta: errado (a motivação não está prevista expressamente na Constituição, quanto aos atos administrativos).

- **(Cespe/MPE-AC/Promotor/2014)** Em processos perante o TCU, serão assegurados o contraditório e a ampla defesa quando da decisão puder resultar anulação ou revogação de ato administrativo que beneficie o interessado, ainda que se trate de apreciação da legalidade do ato de concessão inicial de aposentadoria.

  Gabarito: errado (conforme a Súmula Vinculante nº 3, é dispensável a ampla defesa e o contraditório quando se tratar da apreciação de legalidade do ato de concessão inicial de aposentadoria, reforma ou pensão; logo, a questão está errada por conta da parte final).

- **(FCC/AL-PB/Consultor Legislativo/2013)** Segundo a Lei no 9.784/99, que regula o processo administrativo no âmbito da Administração Pública Federal, a aplicação retroativa de nova interpretação e a cobrança de despesas processuais são, respectivamente,

  A) vedada e admitida em situações excepcionais previstas em lei.

  B) admitida excepcionalmente e vedada.

  C) permitida como regra e permitida em qualquer hipótese.

  D) vedada e vedada em qualquer hipótese.

  E) permitida como regra e admitida em situações excepcionais previstas em lei.

  Gabarito: A (a aplicação retroativa de nova interpretação é vedada pela parte final do inciso XIII do parágrafo único do art. 2º; a cobrança de despesas processuais é vedada pelo inciso XI do mesmo parágrafo, mas admitida em casos previstos em lei).

- **(FCC/TRT9/Técnico Judiciário – área de segurança/2013)** De acordo com a Lei no 9.784/99, que regula o processo administrativo no âmbito da Administração Pública Federal,

  A) os atos administrativos são sigilosos no decorrer da fase probatória.

  B) é vedada a cobrança de despesas processuais, salvo as previstas em lei.

  C) os interessados deverão ser representados por advogado, salvo se hipossuficientes.

D) aplica-se o princípio do formalismo, dispensada a indicação dos pressupostos de fato da decisão.

E) é vedada a impulsão de ofício, cabendo ao interessado indicar os fundamentos de direito da decisão.

Gabarito: B (art. 2º, parágrafo único, XIII). A letra A está incorreta porque, em regra, os atos são públicos. Na alternativa C, o erro decorre do fato de que a presença de advogado é facultativa. Já na letra D, a incorreção tem dois motivos: adota-se o formalismo apenas moderado (quando a forma for essencial), e exige-se a motivação (indicação dos fundamentos de fato e de direito da decisão).

- **(Cespe/Ministério do Desenvolvimento, Indústria e Comércio Exterior/Analista/2014)** Em razão da simetria com o processo judicial, vigora, no processo administrativo, o princípio do formalismo procedimental, em que se afasta a flexibilização na tramitação do processo para evitar os arbítrios das autoridades e garantir a legitimidade das decisões administrativas.

  Gabarito: errado (ao contrário do que ocorre no processo judicial, o processo administrativo é regido pelo princípio da informalidade, ou do formalismo moderado, em que se exigem, em regra, apenas as formalidades essenciais ao atendimento do interesse público).

- **(TJSC/Juiz/2010)** Além dos princípios gerais do processo judicial, o processo administrativo possui princípios típicos e próprios.

  Gabarito: correto (o processo administrativo possui princípios típicos seus, que não se aplicam aos processos judiciais, tais como o informalismo e a possibilidade de reformatio in pejus – ver comentários ao art. 64).

CAPÍTULO II
DOS DIREITOS DOS ADMINISTRADOS

Art. 3º – O administrado tem os seguintes **direitos** perante a Administração, sem prejuízo de outros que lhe sejam assegurados:

I – ser tratado com **respeito** pelas autoridades e servidores, que deverão **facilitar** o exercício de seus direitos e o cumprimento de suas obrigações;

II – ter **ciência da tramitação** dos processos administrativos em que tenha a condição de interessado, ter **vista dos autos**, obter **cópias de documentos** neles contidos e **conhecer as decisões proferidas**;

III – **formular alegações e apresentar documentos antes da decisão**, os quais serão objeto de consideração pelo órgão competente;

IV – fazer-se assistir, **facultativamente**, por advogado, salvo quando obrigatória a representação, por força de lei.

1. **Direitos do administrado:** A) ser tratado com respeito, de modo que lhe sejam reconhecidos os direitos básicos necessários a intervir no processo administrativo; dessa forma, não pode a Administração dificultar a atuação do administrado. B) ser cientificado dos atos produzidos no processo em que seja considerado interessado (sobre interessados, ver art. 9º), ou seja, ser informado do andamento do processo; consultar os autos (ter vista dos autos) *na repartição* – observe-se que não há direito a *carga* dos autos, isto é, o administrado não pode levar o processo para casa: pode apenas ver os autos e obter cópias dos documentos. C) apresentar alegações e produzir provas, que obviamente devem ser consideradas (levadas em conta) quando da decisão – trata-se de aplicação do princípio do contraditório e do devido processo legal. D) ser assistido facultativamente por advogado – ressalte-se que, atualmente, por força da súmula vinculante nº 5 do STF, a presença de advogado é FACULTATIVA no processo administrativo em geral, INCLUSIVE NO PAD (processo administrativo disciplinar).

→ **Jurisprudência:**

> **STF, Súmula Vinculante nº 5:** *"A falta de defesa técnica por advogado no processo administrativo disciplinar não ofende a Constituição".*

→ **Aplicação em concurso:**

- **(Cespe/TRE-BA/Técnico/2017)** Em qualquer caso, o administrado tem o dever de fazer-se assistir por advogado para que sejam observados os princípios constitucionais do contraditório e da ampla defesa.

  Resposta: Item incorreto. A assistência por advogado é facultativa

- **(Cespe/TRE-BA/Técnico/2017)** Do processo administrativo em que seja interessado, o administrado tem direito a: ciência da tramitação; vista dos autos e obtenção de cópias de documentos, ainda que se trate de processo classificado como sigiloso.

  Resposta: Item correto.

- **(Cespe/TRE-BA/Técnico/2017)** O administrado tem o direito de formular alegações e apresentar documentos antes e depois da decisão administrativa, os quais devem ser considerados pelo órgão competente.

  Resposta: item incorreto. Para que as alegações do interessado sejam levadas em conta pela administração pública, elas deverão ser formuladas até a decisão, antes da decisão, conforme previsão expressa do artigo transcrito.

- **(Cespe/INSS/Analista de seguro social/2008)** Em 2007, Lúcio requereu aposentadoria por tempo de serviço perante o INSS por ter atingido a idade mínima exigida para o benefício e 35 anos de contribuição. O INSS indeferiu o requerimento porque não considerou o período trabalhado em XY Comércio Ltda., tempo de serviço reconhecido e anotado na carteira de trabalho de Lúcio por força de sentença trabalhista transitada em julgado. Ante tal indeferimento, o trabalhador solicitou ao INSS cópia do processo administrativo em que constava o indeferimento ou certidão circunstanciada de inteiro teor do processo, mas o servidor que o atendeu recusou-se a lhe fornecer a documentação solicitada. Considerando essa situação hipotética, julgue os seguintes itens.

É direito de Lúcio o recebimento da certidão, que deve retratar fielmente os fatos ocorridos no processo de requerimento de aposentadoria.

Resposta: correto.

CAPÍTULO III
DOS DEVERES DO ADMINISTRADO

Art. 4º – São **deveres** do administrado perante a Administração, sem prejuízo de outros previstos em ato normativo:

I – expor os fatos conforme a **verdade**;

II – proceder com **lealdade, urbanidade e boa-fé**;

III – não agir de modo temerário;

IV – **prestar as informações** que lhe forem solicitadas e colaborar para o esclarecimento dos fatos.

1. **Deveres dos administrados:** da mesma forma que possuem direitos, os administrados também possuem deveres (alguns deles bastante óbvios), quais sejam: A) proceder de maneira limpa, proba, de boa-fé, sem querer enganar e, como decorrência, expor sempre a verdade – e de maneira urbana, isto é, educada, cortês. B) não agir de modo temerário, isto é, só atuar quando houver a mínima possibilidade de o pedido ser deferido, evitando atuar de maneira infundada. C) colaborar com o desenvolvimento do processo, de modo a informar o que lhe seja solicitado e colaborar para alcançar a verdade real, a verdade dos fatos, que é o objetivo do processo administrativo.

→ **Aplicação em concurso:**

- **(FCC/TRT-24ª Região/Analista área administrativa/2017)** O administrado poderá optar por não prestar informações que lhes são solicitadas, tratando-se tal postura de um de seus direitos, expressamente previsto na Lei no 9.784/1999.

  Resposta: item incorreto. Prestar as informações solicitadas é dever do administrado, e não um direito, cuja utilização fica a seu critério.

- **(FGV/FISCAL DE RENDA/RIO DE JANEIRO/2009)** O administrado tem o direito de mentir no processo administrativo.

  Resposta: errado. O administrado tem o dever de dizer a verdade (a menos, obviamente, que esteja na posição jurídica de acusado, quando, então, tem o direito de permanecer calado).

CAPÍTULO IV
DO INÍCIO DO PROCESSO

Art. 5º – O processo administrativo pode iniciar-se **de ofício ou a pedido de interessado.**

▶ **ATENÇÃO!!!** Este é um dos artigos mais importantes e mais cobrados da Lei nº 9.784/99! MEMORIZE-O!!!

1. **Início do processo:** como decorrência do princípio da impulsão de ofício, o processo pode ser iniciado *ex officio* (de ofício, ou seja, por iniciativa da própria administração) ou por iniciativa do interessado. Aliás, como dissemos, a maioria dos processos administrativos começa por iniciativa da Administração, como é o caso de processos relativos a licitações e concursos públicos, por exemplo.

   Com base no princípio da oficialidade, o STJ editou a súmula nº 611, ratificando entendimento pacificado há certo tempo, no sentido de que, apesar de a lei 8.112 permitir início de PAD apenas a partir de denúncia identificada, deve-se admitir a instauração do referido processo administrativo a partir de denúncia anônima, desde que haja indícios suficientes. A lógica se dá no sentido de que, se a Administração Pública pode instaurar o processo de ofício, não haveria razão em se vedar o início a partir de denúncia anônima.

   Eis o enunciado da súmula: "Desde que devidamente motivada e com amparo em investigação ou sindicância, é permitida a instauração de processo administrativo disciplinar com base em denúncia anônima, em face do poder-dever de autotutela imposto à Administração." (Súmula 611, PRIMEIRA SEÇÃO, julgado em 09/05/2018, DJe 14/05/2018).

   → **Aplicação em concurso:**

   - **(Cespe/STJ/Técnico/2018)** O processo administrativo pode ser iniciado de ofício ou a requerimento do interessado, devendo tal requerimento ser formulado por escrito, ressalvados os casos em que se admitir a solicitação oral.

     Resposta: item correto.

   - **(CESPE/Administrador/PGE-PA/2007)** O processo administrativo pode iniciar-se de ofício ou a pedido de interessado.

     Resposta: correto.

   - **(CESPE/TJDFT/Analista Judiciário – Administrativa/2008)** Por constituir uma medida com fins punitivos, o processo administrativo disciplinar regido pela Lei n.º 9.784/1999 deve iniciar-se exclusivamente de ofício.

     Resposta: errado.

- **(Vunesp/TJSP/Advogado/2013)** O processo administrativo somente poderá iniciar a pedido do interessado ou por iniciativa do Ministério Público.

  Gabarito: errado (o processo pode também ser iniciado de ofício pela Administração).

- **(Cespe/TCE-PB/Procurador/2014)** A denúncia de autoria anônima, mesmo que os fatos estejam narrados de forma objetiva e plausível, não poderá ensejar a instauração de investigação preliminar.

  Gabarito: errado (a denúncia anônima, segundo a jurisprudência, não justifica, por si só, a instauração de processo administrativo disciplinar, mas não impede a instauração de investigação preliminar para a apuração de sua veracidade, ainda mais levando-se em conta que a administração pode instaurar processo administrativo de ofício).

Art. 6º – O **requerimento inicial do interessado**, salvo casos em que for **admitida solicitação oral**, deve ser formulado por **escrito** e conter os seguintes dados:

I – órgão ou autoridade administrativa a que se dirige;

II – identificação do interessado ou de quem o represente;

III – domicílio do requerente ou local para recebimento de comunicações;

IV – formulação do pedido, com exposição dos fatos e de seus fundamentos;

V – data e assinatura do requerente ou de seu representante.

Parágrafo único. É **vedada** à Administração a **recusa imotivada** de recebimento de documentos, devendo o servidor orientar o interessado quanto ao suprimento de eventuais falhas.

Art. 7º – Os órgãos e entidades administrativas deverão elaborar modelos ou formulários padronizados para assuntos que importem pretensões equivalentes.

Art. 8º – Quando os pedidos de uma **pluralidade de interessados** tiverem **conteúdo e fundamentos idênticos**, poderão ser formulados em um **único requerimento**, salvo preceito legal em contrário.

1. Aplicação do princípio do informalismo (formalismo moderado): como visto, o princípio do formalismo moderado dispõe que a formalidade não deve ser empecilho à efetividade do processo, razão pela qual os atos do processo administrativo devem ter formas simples; entretanto, a forma deve ser a mínima necessária para garantir a segurança, a certeza e o direito dos administrados, razão pela qual, em regra, deve respeitar o padrão mínimo de formalidade: os atos do processo administrativo devem ser escritos.

Entretanto, em homenagem à simplicidade das formas, a lei prevê a possibilidade de UM (e apenas um; é o único) ato do processo administrativo ser realizado de forma verbal – o requerimento inicial do interessado, em algumas hipóteses.

→ **Aplicação em concurso:**

- **(Cespe/STJ/Técnico/2018)** O processo administrativo pode ser iniciado de ofício ou a requerimento do interessado, devendo tal requerimento ser formulado por escrito, ressalvados os casos em que se admitir a solicitação oral.

  Resposta: item correto.

- **(ESAF/CGU/Analista de Finanças e Controle – Área Correição/2007)** A Lei nº 9.784/99 veda aos órgãos e entidades a elaboração de formulários padronizados para assuntos que importem pretensões equivalentes, apesar de caracterizar prática usualmente adotada por órgãos públicos.

  Resposta: Errado.

- **(Cespe/TJDFT/Técnico Judiciário – área administrativa/2013)** O processo administrativo pode ser iniciado a pedido do interessado, mediante formulação escrita, não sendo admitida solicitação oral.

  Gabarito: errado (o caput do art. 6º admite a solicitação oral em alguns casos).

- **(Cespe/TRE-GO/Analista Judiciário – área administrativa/2015)** Durante a realização de escavações para a expansão de obra de metrô, de responsabilidade do governo federal, ocorreu acidente que resultou na abertura de imensa cratera em área residencial e consequente desmoronamento de um edifício com soterramento de veículos. Os particulares prejudicados pretendem formular pedidos de ressarcimento junto à administração pública. Considerando essa situação hipotética e as regras contidas na Lei n.º 9.784/1999, julgue o item que se segue.

  Se não houver preceito legal em sentido contrário, os pedidos dos interessados podem ser reunidos em um único requerimento, desde que tenham conteúdo e fundamentos idênticos.

  Resposta: correto (art. 8º).

CAPÍTULO V
DOS INTERESSADOS

Art. 9º – São **legitimados** como interessados no processo administrativo:

I – pessoas físicas ou jurídicas que o iniciem como **titulares de direitos ou interesses individuais** ou no exercício do direito de representação;

II – aqueles que, sem terem iniciado o processo, têm **direitos ou interesses que possam ser afetados** pela decisão a ser adotada;

III – as **organizações e associações representativas**, no tocante a **direitos e interesses coletivos**;

IV – as **pessoas ou as associações legalmente constituídas** quanto a **direitos ou interesses difusos**.

1. **Interessados:** no processo administrativo não há *partes*, mas *interessados*. Isso porque, no PA, não há duas partes litigando entre si, perante uma autoridade imparcial (juiz), mas sim dois sujeitos que às vezes têm os mesmos objetivos (interessados e Administração), mas cujos pedidos serão "julgados" por um deles – a própria Administração. Por isso se diz que, ao contrário do processo judicial, cuja relação é trilateral (autor-juiz-réu), no processo administrativo a relação jurídico-processual é bilateral (Interessados + Administração). Ser considerado interessado é muito importante, pois assegura os direitos e impõe os deveres previstos nos arts. 3º e 4º. São considerados interessados: A) pessoas (físicas ou jurídicas) que deem início ao processo (art. 5º), seja em defesa de direito próprio, seja no exercício do direito constitucional de petição, contra ilegalidade ou abuso de poder; B) organizações e associações, quanto a interesses coletivos (por exemplo, o Sindicato dos Professores do Rio de Janeiro é interessado no processo administrativo que prevê a realização de um concurso público para a substituição de professores temporários por efetivos); C) pessoas e associações legalmente constituídas, em defesa de interesse difusos (o Greenpeace, por exemplo, é interessado nos processos relativos ao meio-ambiente, que é um interesse difuso – pertence a todos, mas a ninguém especificamente); e D) qualquer pessoa que, mesmo não tendo iniciado o processo, possa ser afetada pela decisão (assim, um servidor que seja acusado por alguém de abuso de poder é interessado nesse processo, mesmo sem tê-lo iniciado).

   CUIDADO! Os interessados em matéria de direitos difusos são qualquer pessoa ou associação legalmente constituída; quanto às associações, não há qualquer outro requisito além da regularidade de sua constituição (não se exige, por exemplo, que a associação esteja em funcionamento há determinado tempo, como acontece na Constituição, em relação à legitimidade para o mandado de segurança coletivo, por exemplo).

   → **Aplicação em concursos:**

   - **(Cespe/TRF-1/Analista área judiciária/2017)** Em processos administrativos, as associações representativas não possuem legitimidade para a interposição de recurso, mesmo que objetivem a defesa de direitos e de interesses coletivos.

     Reposta: item incorreto.

   - **(FCC/TRT-20/Oficial de Justiça/2016)** Em determinado processo administrativo de âmbito federal, foi proferida decisão que acabou atingindo indiretamente o direito da servidora Cristina. Em outro processo administrativo de âmbito federal, foi proferida decisão no tocante a interesse e direitos coletivos, razão pela qual uma associação representativa está pretendendo interpor recurso administrativo. Nos termos da Lei no 9.784/1999,

A) nenhum dos citados têm legitimidade para interpor recurso administrativo, pois apenas os titulares de direitos que forem parte no processo poderão assim o fazer.

B) tanto Cristina quanto a associação representativa têm legitimidade para interpor recurso administrativo nos casos narrados.

C) apenas a associação representativa tem legitimidade para interpor recurso administrativo.

D) apenas Cristina tem legitimidade para interpor recurso administrativo.

E) nenhum dos citados têm legitimidade para interpor recurso administrativo, pois apenas a pessoa física, diretamente afetada pela decisão, poderá assim o fazer, independentemente de ser parte ou não no processo.

Resposta: alternativa B

- **(FCC/PGE-MT/Procurador/2016)** A Lei no 9.784/99 (Lei Federal de Processos Administrativos) estabelece que

  a) é admitida a participação de terceiros no processo administrativo.

  b) é faculdade do administrado fazer-se assistir por advogado, exceto nos processos disciplinares em que a defesa técnica é obrigatória.

  c) é expressamente vedada a apresentação de requerimento formulado de maneira oral pelo interessado, em vista do princípio da segurança jurídica.

  d) a condução do processo administrativo é absolutamente indelegável.

  e) é admitida a avocação temporária de competência atribuída a órgão hierarquicamente superior.

  Resposta: alternativa A

- **(Cespe/Bacen/Procurador/2009)** O processo administrativo regido pela Lei n.º 9.784/1999 não protege os direitos ou interesses difusos.

  Resposta: errado.

- **(CESPE/TJDFT/Técnico/2008)** Uma associação, mesmo que legalmente constituída, não tem legitimidade para promover a defesa de direitos ou interesses difusos no âmbito do processo administrativo.

  Resposta: errado.

- **(CESPE/TRT-1ª Região/Analista Judiciário – Área Judiciária/2008)** O procedimento administrativo não se presta ao exame de tutelas coletivas.

  Resposta: errado.

Art. 10. São **capazes**, para fins de processo administrativo, os **maiores de dezoito anos**, ressalvada previsão especial em ato normativo próprio.

→ **Aplicação em concurso:**

- **(CESPE/STF/Analista judiciário – área administrativa/2008)** Como regra geral, são considerados capazes, para fins de processo administrativo, os maiores de dezoito anos.

  Resposta: correto.

CAPÍTULO VI
DA COMPETÊNCIA

Art. 11. A competência é **irrenunciável** e se exerce pelos órgãos administrativos a que foi atribuída como própria, **salvo os casos de delegação e avocação legalmente admitidos.**

1. **Competência:** em sentido técnico jurídico, significa a autorização legal para a prática de um ato. Assim, só pode praticar um ato do processo administrativo quem seja por lei autorizado a fazê-lo. A competência, ademais, é irrenunciável, ou seja, não se pode escolher competências: são competentes as pessoas indicadas por lei, e ponto final – dessa maneira, é competente não quem quer ser, mas quem a lei manda que seja.

   Entretanto, apesar de ser pacífico que a competência é irrenunciável, algumas bancas vêm considerando que essa vedação é relativa (admite exceções), tendo em vista a redação do art. 2º, § único, II, da LPA, segundo o qual "é vedada a renúncia total ou parcial de poderes ou competências, salvo autorização em lei". É o caso, por exemplo, de item cobrado em questão elaborada pela FCC na prova de Técnico Judiciário do TRT-20ª Região, no ano de 2016.

   A competência pode ser própria ou originária, quando decorre diretamente da lei; ou derivada (secundária), quando decorre não da lei, mas de delegação ou avocação. Veja-se que a delegação e a avocação não importam renúncia de competências, pois são transitórias e excepcionais.

   → **Aplicação em concursos:**

   - **(Cespe/TRF-1/Analista área judiciária/2017)** Autoridade competente para a realização de ato administrativo pode escolher renunciar a tal competência, ainda que a tenha adquirido por delegação.

     Resposta: item incorreto.

   - **(Analista Judiciário – Área Administrativa – TRT 24ª Região/2008)** A lei que regula os processos administrativos no âmbito federal prevê que a competência é

     A) irrenunciável e nunca pode ser delegada nem sofrer avocação.

     B) irrenunciável, mas pode, em certos casos, ser delegada e, excepcionalmente, sofrer avocação temporária.

C) renunciável apenas nas hipóteses de delegação e de avocação, para as quais é dispensada qualquer justificação.

D) renunciável apenas nos casos de livre delegação, pois a avocação não implica renúncia por ser originária de hierarquia superior.

E) renunciável, seja nos casos de livre delegação, seja nos de avocação, seja nos de substituição de um órgão por outro.

Resposta: b

- (FCC/TRE-TO/Analista Judiciário – área administrativa/2011) A competência é renunciável e se exerce pelos órgãos administrativos a que foi atribuída como própria, salvo os casos de delegação e avocação legalmente admitidos.

  Resposta: errado. A competência é ***irrenunciável****.*

- **(Cespe/MPE-AC/Promotor/2014)** Nos processos administrativos, devem-se observar, entre outros, os critérios de atendimento a fins de interesse geral, permitida a renúncia parcial de competências, independentemente de autorização em lei.

  Gabarito: errado (a regra é a irrenunciabilidade da competência).

- **(Cespe/TCE-PB/Procurador/2014)** O ato de delegação importa transferência de competência, em que pese ser esta irrenunciável.

  Gabarito: correto (a delegação é uma das formas de modificação da competência administrativa).

Art. 12. Um órgão administrativo e seu titular poderão, se não houver impedimento legal, **delegar parte da sua competência a outros órgãos ou titulares, ainda que estes não lhe sejam hierarquicamente subordinados**, quando for conveniente, em razão de circunstâncias de índole técnica, social, econômica, jurídica ou territorial.

Parágrafo único. O disposto no *caput* deste artigo aplica-se à delegação de competência dos **órgãos colegiados** aos respectivos presidentes.

1. **Delegação de competências:** é um fenômeno por meio do qual uma autoridade ou um órgão "entrega", transitoriamente, a outro órgão ou autoridade a competência para a prática de um ato determinado. Na delegação, então, alguém "transfere" para outrem (sempre de maneira transitória) uma competência. Pode-se delegar uma competência para outro órgão ou agente, mesmo que não seja hierarquicamente inferior. Assim, é possível até mesmo a um órgão colegiado (composto por vários agentes) delegar competências ao presidente, sempre que não haja impedimento legal.

CUIDADO! A delegação de competência não exige, necessariamente, a presença de hierarquia, uma vez que pode ser delegada competência a órgão ou agente que não seja hierarquicamente subordinado ao delegante. Nessa situação, tem-se a chamada delegação horizontal (não há hierarquia), que se opõe à delegação vertical (de um superior a um subordinado).

2. **Características da delegação:** A) é sempre transitória, não existe delegação para sempre, pois a competência é irrenunciável; B) da mesma forma que pode ser feita a qualquer momento, pode ser a qualquer momento revogada, voltando a competência ao antigo titular; C) deve ser sempre motivada, para que se possam conhecer os motivos que a determinaram; D) deve ser sempre publicada, pois a modificação da lei, mesmo que transitória, deve ser o mais divulgada possível; E) pode ser feita até mesmo para quem não seja subordinado ao delegante; e F) é ato discricionário, isto é, depende de um juízo de conveniência e oportunidade do administrador.

→ **Aplicação em concursos:**

- **(Cespe/PC-GO/Delegado/2017)** A competência processante de órgão da administração pode ser delegada, em parte, a outro órgão, ainda que não subordinado hierarquicamente ao órgão delegante, desde que haja conveniência, razão e inexista impedimento legal.

  Resposta: item correto.

- **(FCC/TRE-PR/Analista área judiciária/2017)** não é admitida renúncia de competência, delegação nem avocação.

  Resposta: item incorreto.

- **(FCC/TRE-AP/Analista Judiciário – área administrativa/2011)** A delegação de competência é irrevogável, tendo em vista que o órgão delegado assumirá todas as obrigações pertinentes.

  Resposta: errado. A delegação de competências pode ser revogada a qualquer tempo.

3. **Motivos que justificam a delegação:** podem ser de ordem técnica (o delegado tem mais conhecimento para praticar o ato), social (o delegado possui mais legitimidade ou respaldo para a prática do ato), econômica (para evitar gastos desnecessários, como quando, por exemplo, em vez de viajar a comissão toda para colher um depoimento em outra cidade, delega-se a competência para um órgão daquela localidade), jurídica (delega-se a competência tendo em vista a maior propriedade jurídica do órgão delegado para praticar o ato) ou territorial (a autoridade delegada possui maior proximidade territorial dos fatos, o que justifica a delegação).

→ Aplicação em concursos:

- **(Cespe/PCES/Agente/2011)** Um órgão administrativo só poderá delegar parte da sua competência, se não houver impedimento legal, a outros órgãos que lhe sejam hierarquicamente subordinados, em razão de circunstâncias de índole técnica, social, econômica, jurídica ou territorial.

  Resposta: errado. Os motivos que justificam a delegação estão apontados de forma correta, mas a afirmativa está errada porque a competência pode ser delegada a outros órgãos, mesmo que não sejam hierarquicamente subordinados ao delegante (art. 12, caput).

- **(Cespe/MPE-AC/Promotor/2014)** A delegação de competência administrativa pode ser realizada ainda que não haja subordinação hierárquica.

  Gabarito: correto (ao contrário da avocação, que pressupõe a relação hierárquica entre avocante e avocado, o mesmo não se pode dizer em relação à delegação).

- **(Cespe/TCE-PB/Procurador/2014)** A delegação, instituto relacionado com o poder hierárquico, não pode ser usada para transferir a competência para a edição de atos normativos.

  Gabarito: errado (embora atos de caráter normativo realmente não possam ser objeto de delegação – art. 13, I –, a questão está errada porque a delegação não decorre do poder hierárquico, tanto que pode ser feita em relação a órgão não subordinado).

Art. 13. Não podem ser objeto de delegação:

I – a edição de atos de caráter **normativo**;

II – a decisão de **recursos** administrativos;

III – as matérias de **competência exclusiva** do órgão ou autoridade.

▶ **ATENÇÃO!!!** Este é um dos artigos mais importantes e mais cobrados da Lei nº 9.784/99! MEMORIZE-O!!!

1. **Atos que não podem ser objeto de delegação:** assunto importantíssimo e muito cobrado em provas, diz respeito aos limites da delegação. Não podem ser objeto de delegação: A) a decisão de recursos administrativos, pois isso tornaria, na prática, quase sem fundamento o recurso, pois a autoridade decisora seria, na prática, a mesma que praticou o ato; B) a edição de atos de caráter normativo, como portarias, decretos, instruções normativas, etc.; C) os atos de competência exclusiva, uma vez que a diferença entre competência privativa e exclusiva é, justamente, que a primeira pode ser delegada, enquanto a segunda (exclusiva) é indelegável. As três hipóteses costumam ser lembradas pelos alunos pela fórmula DENOREX: DEcisão de recursos, atos de caráter NORmativo, e

competência EXclusiva. É, repita-se, assunto muito cobrado por diversas bancas.

→ **Aplicação em concurso:**

- **(FCC/TRT-2/Analista/2018)** No que concerne à competência das autoridades administrativas e sua delegação, nos termos disciplinados pela Lei Federal no 9.784, de 1999, que disciplina o processo administrativo no âmbito da Administração Pública Federal, tem-se que

  A) a delegação somente é admitida para órgão hierarquicamente subordinado àquele detentor da competência legal.

  B) não é admissível a delegação de competência para decisão de recursos administrativos.

  C) admite-se a delegação para a edição de atos normativos, desde que não gerem efeitos perante terceiros.

  D) a avocação de competência de órgão hierarquicamente inferior é sempre cabível, independentemente de ato específico.

  E) não é passível de delegação a competência exclusiva, salvo para a prática de atos declaratórios.

  Resposta: alternativa b

- **(Cespe/CNPq/Analista/2011)** Considerando a Lei n.º 9.784/1999, que trata do processo administrativo em geral, julgue os itens que se seguem.

  Não pode ser objeto de delegação a competência para decidir sobre recursos administrativos.

  Resposta: correto.

- **(FCC/TRE-AP/Analista Judiciário – área administrativa/2011)** Não podem ser objeto de delegação a edição de atos de caráter normativo e a decisão de recursos administrativos.

  Resposta: correto (expressa vedação legal).

- **(Cespe/TRT8/Analista Judiciário – área judiciária/2016)** A competência para a edição de atos normativos poderá ser delegada.

  Resposta: errado (art. 13, I).

- **(Cespe/Ministério da Integração Nacional/Assistente/2013)** Órgãos colegiados podem delegar a seus respectivos presidentes a edição de atos de caráter normativo.

  Gabarito: errado (embora os órgãos colegiados possam delegar competências a seus presidentes – vide o parágrafo único do art. 12 –, não podem fazê-lo em relação a atos de caráter normativo: art. 13, I).

Art. 14. O ato de delegação e sua revogação deverão ser publicados no meio oficial.

§ 1º O ato de delegação **especificará as matérias e poderes** transferidos, os limites da atuação do delegado, a **duração** e os **objetivos** da delegação e o recurso cabível, podendo conter ressalva de exercício da atribuição delegada.

§ 2º O ato de delegação é **revogável a qualquer tempo** pela autoridade delegante.

§ 3º As decisões adotadas por delegação devem mencionar explicitamente esta qualidade e considerar-se-ão editadas pelo delegado.

1. **A delegação e a avocação devem,** como dissemos**, ser publicadas em meio oficial**, pois importam modificação (ainda que transitória) do esquema legal de competências. Além disso, ambos os atos (delegação e avocação) podem ser a qualquer tempo revogados.
2. **Requisitos do ato de delegação:** o ato que delega competências deve conter a especificação de quais as competências que estão sendo delegadas; quais os motivos que justificam a delegação; se for o caso, qual a duração da delegação; e para quem deve ser dirigido o recurso quanto ao ato baseado na competência delegada, se ao delegante ou à autoridade superior a ele.
3. **Responsabilidade pelo ato delegado:** se, no exercício da competência delegada, o delegado praticar um ato ilegal ou danoso, **apenas o delegado, em regra, responderá pelo ato** – a não ser que seja comprovada ilegalidade na delegação, situação em que o delegante também poderia ser responsabilizado.

   Para todos os efeitos, porém, quem assina o ato é o delegado, motivo por que o ato deve ser considerado como praticado por ele, em nome próprio, embora se deva fazer referência à delegação. Ex: O Secretário-Geral, com base na competência delegada pelo Presidente do Tribunal (Portaria nº tal), vem praticar tal ato etc.).

   Nesse sentido, o STF editou a súmula 510, segundo a qual: "Praticado o ato por autoridade, no exercício de competência delegada, contra ela cabe o mandado de segurança ou a medida judicial".

   Vale a pena trazer como exemplificação julgado proferido pelo STF, reafirmando, recentemente, o teor da referida súmula:

   > *O Supremo Tribunal Federal não dispõe de competência originária para processar e julgar mandado de segurança quando impetrado contra decisão administrativa proferida pelo Diretor da Coordenação de Secretariado Parlamentar, no desempenho de competência que lhe foi delegada pela Mesa Diretora da Câmara dos Deputados. Incidência da Súmula 510/STF. Doutrina. Precedentes. – O caráter estrito de que se reveste a norma constitucional de competência originária do Supremo*

Tribunal Federal não permite que essa especial atribuição jurisdicional seja estendida às hipóteses em que o ato estatal impugnado – embora resultando de delegação administrativa outorgada pela própria Mesa Diretora da Câmara dos Deputados – haja emanado de autoridade estranha ao rol taxativo inscrito no art. 102, I, "d" da Constituição da República.

[MS 30492 AgR, rel. min. Celso de Mello, P, j. 27-02-2014, DJE 58 de 25-3-2014.]

→ **Aplicação em concurso:**

- **(Cespe/Prefeitura de Fortaleza/Procurador do Município/2017)** O prefeito de um município brasileiro delegou determinada competência a um secretário municipal. No exercício da função delegada, o secretário emitiu um ato ilegal. Nessa situação, a responsabilidade pela ilegalidade do ato deverá recair apenas sobre a autoridade delegada.

  Resposta: correto

- **(Cespe/MPE-AC/Promotor/2014)** Não se exige que o ato de delegação, que deve especificar as matérias e poderes transferidos, bem como sua revogação sejam publicados no meio oficial.

  Gabarito: errado (art. 14, caput).

- **(Cespe/TJ-CE/Juiz/2018)** À luz da Lei n.º 9.784/1999, assinale a opção correta com relação à competência administrativa e à relação hierárquica existente no âmbito da administração pública.

  A) A competência administrativa pode ser renunciada em hipótese de acordo entre os órgãos públicos envolvidos.

  B) A relação de subordinação hierárquica entre os órgãos públicos envolvidos é condição imprescindível para a delegação da competência administrativa.

  C) A delegação de competência de órgãos colegiados é possível, desde que não se trate de matéria de competência exclusiva, de decisão de recursos administrativos ou de edição de atos de caráter normativo.

  D) O ato de delegação retira a competência da autoridade delegante e confere competência exclusiva ao órgão delegado.

  E) A avocação temporária de competência é permitida, em caráter excepcional e por motivos justificados, entre órgãos da administração pública, independentemente da relação hierárquica estabelecida entre eles.

  Resposta: alternativa c.

Art. 15. Será permitida, em **caráter excepcional** e por **motivos relevantes devidamente justificados**, a **avocação temporária** de competência atribuída a **órgão hierarquicamente inferior**.

1. **Avocação:** é o ato oposto à delegação. Se nesta alguém "transfere" para outra pessoa uma competência, na avocação alguém "traz para si", de maneira transitória, a competência que originalmente era de outrem. Por motivos óbvios, a delegação é, na prática, muito mais comum que a avocação. Podemos fazer um paralelo entre as duas figuras. A avocação difere da delegação porque, nesta, tanto o delegante quanto o delegado respondem pelo ato, enquanto, na avocação, a responsabilidade é só de quem avocou (avocante). Por outro lado, a avocação, ao contrário da delegação, exige que o avocado seja hierarquicamente subordinado ao avocante.

2. **Diferenças e semelhanças entre delegação e avoca**

	DELEGAÇÃO	AVOCAÇÃO
Motivação obrigatória	Sim	Sim
Publicação obrigatória	Sim	Sim
Revogável a qualquer tempo	Sim	Sim
Transitória ou permanente	Transitória	Transitória
Responsabilidade	Delegante e delegado	Só do avocante
Exige subordinação hierárquica	Não	Sim

→ **Aplicação em concurso:**

- **(Cespe/STJ/Analista área administrativa/2018)** A legislação autoriza a avocação de competência atribuída a órgão hierarquicamente inferior, desde que tal avocação seja excepcional, temporária e esteja fundada em motivos relevantes devidamente justificados.

  Resposta: correto (transcrição do texto da lei)

- **(Cespe/TJ-CE/Juiz/2018)** A avocação temporária de competência é permitida, em caráter excepcional e por motivos justificados, entre órgãos da administração pública, independentemente da relação hierárquica estabelecida entre eles.

  Resposta: errado. A avocação, diferentemente da delegação, exige a presença de relação hierárquica entre a autoridade que avoca e a autoridade titular da competência.

- **(FCC/TRE-AP/Analista Judiciário – área administrativa/2011)** Será permitida, em caráter excepcional e por motivos relevantes devidamente justificados, a avocação temporária de competência atribuída a órgão hierarquicamente inferior.

  Resposta: correto (repete-se o conteúdo da lei).

- **(Cespe/PCES/Agente/2011)** Somente em caráter temporário e por motivos relevantes devidamente justificados é permitida a avocação temporária de competência atribuída a órgão hierarquicamente inferior.

  Resposta: correto (a avocação tem caráter excepcional).

- **(CESPE/AGU/2006)** Acerca da avocação e da delegação de competência, julgue os itens subsequentes.

  A avocação é ato excepcional, de caráter transitório, que, no entanto, dispensa motivação por parte da autoridade hierarquicamente superior que a determina.

  Resposta: errado.

- **(ESAF/PFN/2004)** Sobre a delegação de competência administrativa, assinale a opção correta.

  A) É possível a delegação da decisão de recursos administrativos, ainda que não o seja para atos de caráter normativo.

  B) Em vista da necessidade de segurança jurídica aos atos da Administração, não se admite, em regra, que o ato de delegação seja revogável a qualquer tempo pela autoridade delegante.

  C) Não há a necessidade, como regra, de que o ato de delegação e o de sua revogação sejam publicados no meio oficial.

  D) As decisões adotadas por delegação consideram-se editadas pelo delegante.

  E) Se não houver impedimento legal, e for conveniente, em razão de circunstâncias de índole técnica, social, econômica, jurídica ou territorial, é possível a um órgão administrativo delegar parte de sua competência a outro órgão, ainda que este não lhe seja hierarquicamente subordinado.

  Resposta: E.

- **(ESAF/CGU/Analista de Finanças e Controle – Área Correição/2008)** Decorrente da presença do poder hierárquico na Administração, afigura-se a questão da competência administrativa e sua delegação. Sobre o tema é correto afirmar, exceto:

  A) a competência é irrenunciável e se exerce pelos órgãos administrativos a que foi atribuída como própria, salvo os casos de delegação e avocação legalmente admitidos.

  B) um órgão administrativo e seu titular poderão, se não houver impedimento legal, delegar parte de sua competência a outros órgãos ou titulares, ainda que estes não lhe sejam hierarquicamente subordinados, quando for conveniente, em razão de circunstâncias de índole técnica, social, econômica, jurídica ou territorial.

  C) a edição de ato de caráter normativo não pode ser objeto de delegação.

  D) a decisão de recursos administrativos pode ser objeto de delegação.

  E) o ato de delegação e sua revogação deverão ser publicados no meio oficial

  Resposta: D (a decisão de recursos administrativos não pode ser delegada, segundo o art. 13, II).

- **(Cespe/TCDF/Auditor/2014)** Um órgão administrativo somente em caráter excepcional e temporário poderá avocar a competência de outros órgãos, ainda que estes não lhe sejam hierarquicamente subordinados.

  Gabarito: errado (o erro da questão está na parte final, ao afirmar que a avocação pode ocorrer mesmo em relação a órgãos não subordinados ao avocante).

Art. 16. Os órgãos e entidades administrativas divulgarão publicamente os locais das respectivas sedes e, quando conveniente, a unidade fundacional competente em matéria de interesse especial.

Art. 17. Inexistindo competência legal específica, o processo administrativo deverá ser iniciado perante a autoridade de **menor** grau hierárquico para decidir.

→ Aplicação em concurso:

- **(FCC/TRE-AP/Analista Judiciário – área administrativa/2011)** Inexistindo competência legal específica, o processo administrativo deverá ser iniciado obrigatoriamente perante a Corregedoria-Geral do órgão a que o servidor está diretamente subordinado.

  Resposta: errado. Na falta de norma específica, o art. 17 determina que o processo seja iniciado perante a autoridade menor grau.

- **(FCC/TRE-TO/Analista Judiciário – área administrativa/2011)** inexistindo competência legal específica, o processo administrativo deverá ser iniciado perante a autoridade de menor grau hierárquico para decidir.

  Resposta: correto.

- **(Cespe/Ministério da Integração Nacional/Assistente/2013)** Qualquer autoridade de menor grau hierárquico em uma organização pública pode iniciar um processo administrativo, desde que não tenha sido definida competência legal especifica para esse fim.

  Gabarito: correto.

- **(Cespe/MPE-AC/Promotor/2014)** Inexistindo competência legal específica, o processo administrativo deverá ser iniciado perante a autoridade de maior grau hierárquico de decisão.

  Gabarito: errado.

CAPÍTULO VII
DOS IMPEDIMENTOS E DA SUSPEIÇÃO

Art. 18. É **impedido** de atuar em processo administrativo o servidor ou autoridade que:

I – tenha **interesse** direto ou indireto na matéria;

II – tenha **participado ou venha a participar** como perito, testemunha ou representante, ou se tais situações ocorrem quanto ao cônjuge, companheiro ou parente e afins até o terceiro grau;

III – esteja **litigando judicial ou administrativamente** com o interessado ou respectivo cônjuge ou companheiro.

▶ **ATENÇÃO!!!** Este é um dos artigos mais importantes e mais cobrados da Lei nº 9.784/99! MEMORIZE-O!!!

---

1. **Impedimentos:** são hipóteses objetivas em que a autoridade não terá a imparcialidade necessária para decidir o processo administrativo ou nele atuar. São causas de impedimento: A) ter interesse direto ou indireto na matéria (pex., servidor que analisa pedido de licença que ele também pleiteia, em outro processo); B) ter participado do processo, como perito, testemunha, representante, parte, etc. – o mesmo impedimento ocorre se o cônjuge/companheiro ou parente até o terceiro grau também tiver atuado no processo; C) estar litigando (disputando), judicial OU administrativamente com o interessado ou o cônjuge/companheiro deste (caso, p.ex., em que a autoridade decisora vai analisar processo movido por alguém que a processou).

→ **Aplicação em concurso:**

- **(Cespe/TRE-PI/Analista Judiciário – área judiciária/2016)** Não representa prejuízo para o PAD o fato de servidor nomeado para apurar o ocorrido litigar em juízo contra o agente público investigado, se não houver sentença transitada em julgado.

  Resposta: errado (art. 18, III).

- **(Cespe/EMAP/Nível Médio/2018)** O servidor que tiver interesse, ainda que indireto, na matéria de processo administrativo fica impedido de atuar nesse processo.

  Resposta: item correto

- **(Cespe/TCE-PB/Procurador/2014)** Servidor de tribunal de contas estadual está impedido de atuar em processo administrativo em trâmite naquele órgão quando o interessado for seu primo, e a não abstenção em atuar nesse feito gerará nulidade processual.

  Gabarito: errado (primo é parente em quarto grau, o que não é causa de impedimento; de qualquer forma, o descumprimento dessa norma constitui falta grave para o servidor que não se declarar impedido – art. 19 – mas não acarreta, necessariamente, a nulidade processual).

- **(Cespe/TJDFT/Técnico Judiciário – área administrativa/2013)** O servidor que estiver litigando judicialmente contra a companheira de um interessado em determinado processo administrativo estará impedido de atuar nesse processo.

Gabarito: correto (art. 18, III).

3. **JURISPRUDÊNCIA!!! ATENÇÃO!!!** O STJ tem precedente em que se anulou PAD por impedimento da autoridade julgadora, ressaltando ser nula a decisão, **independentemente de demonstração de parcialidade do julgador!** O caso concreto dizia respeito a autoridade que julgou servidor cujo PAD que ela mesma iniciou, por meio de denúncia (STJ, 6ª Turma, MS 14.959/DF, Relator Desembargador Convocado Haroldo Rodrigues, j. 23.02.2011).

Art. 19. A autoridade ou servidor que incorrer em impedimento **deve comunicar o fato** à autoridade competente, **abstendo-se de atuar.**

Parágrafo único. A **omissão** do dever de comunicar o impedimento constitui **falta grave**, para efeitos disciplinares.

1. **Obrigação de se declarar impedido:** como **os casos de impedimento têm feição objetiva**, o servidor ou autoridade que seja impedido deve comunicar imediatamente que está impedido e deixar de atuar no processo. Trata-se de um dever – que, se descumprido, pode ter reflexos na esfera disciplinar, pois constitui falta grave, nos termos do parágrafo único. Ademais, os atos praticados por servidor ou autoridade impedidos devem ser anulados.

→ **Aplicação em concurso:**

- **(Cespe/TRE-PE/Técnico Judiciário/2017)** Um processo administrativo instaurado no âmbito de um órgão público estará sujeito a nulidade caso

  A) o administrado formule as alegações e apresente os documentos antes da decisão.

  B) haja a recusa de provas apresentadas pelos interessados por serem consideradas protelatórias, mediante decisão fundamentada.

  C) o administrado tenha obtido cópias de documentos do processo para a elaboração de sua defesa.

  D) haja a atuação de autoridade que tenha interesse, mesmo que indireto, na matéria.

  E) a intimação do administrado ocorra com antecedência de um dia útil, mesmo com o seu comparecimento no local, na data e na hora determinados.

  Resposta: item d.

Art. 20. Pode ser argüida a **suspeição** de autoridade ou servidor que tenha **amizade íntima ou inimizade notória** com algum dos interessados ou com os respectivos cônjuges, companheiros, parentes e afins até o terceiro grau.

1. **Suspeição:** assim como nos casos de impedimento, busca-se guardar a imparcialidade da autoridade que vai decidir o processo ou nele atuar. Porém, **as hipóteses de suspeição têm natureza subjetiva** (amizade íntima ou inimizade notória). Justamente por isso, ao contrário dos casos de impedimento, a autoridade suspeita não é *obrigada* a declarar-se suspeita. A suspeição depende de alegação (arguição) do interessado, que deverá demonstrar a amizade íntima ou inimizade notória entre a autoridade e um dos interessados ou os respectivos cônjuge/companheiro ou parente até o terceiro grau civil.

2. **Semelhanças entre impedimentos e suspeições:** a) ambos visam a assegurar a imparcialidade da autoridade julgadora; b) ambos visam a retirar do processo a autoridade que não tem imparcialidade.

   → **Aplicação em concurso:**

   - **(Cespe/TRT 8ª Região – PA e AP/Analista Judiciário Serviço Social/2016)** Os institutos do impedimento e da suspeição no âmbito do direito administrativo são importantes corolários do princípio da impessoalidade.

     Resposta: item correto. Como forma de garantir a imparcialidade, os institutos ora referidos são corolários do princípio da impessoalidade.

3. **Diferenças entre impedimentos e suspeições:** a) impedimentos têm natureza OBJETIVA (provam-se mediante FATOS), ao passo que as suspeições têm natureza SUBJETIVA (provam-se mediante INDÍCIOS); b) a autoridade impedida tem o DEVER de se declarar impedida DE OFÍCIO, enquanto que, verificada uma hipótese de suspeição, a autoridade PODE se declarar suspeita, mas não tem essa obrigação.

   → **Aplicação em concurso:**

   - **(Cespe/TRT-7/Analista área administrativa/2017)** Alexandre, incumbido de julgar processo administrativo com base na Lei n.º 9.784/1999, após incidente de suspeição, foi afastado dessa atividade.

     Considerando essa situação hipotética, assinale a opção que corresponde ao motivo que pode ter provocado a suspeição de Alexandre e seu afastamento do processo.

     A) Alexandre é inimigo declarado do cônjuge da pessoa interessada.

     B) Alexandre litiga judicialmente com a pessoa interessada.

     C) Alexandre tem interesse direto ou indireto na matéria.

     D) Alexandre participa do processo como testemunha.

Resposta: item a, tendo em vista se tratar da única causa de suspeição apresentada nas alternativas.

- **(FCC/TRE-AP/Analista Judiciário – área administrativa/2011)** No processo administrativo disciplinado pela Lei no 9.784/99 pode ser arguida a suspeição de autoridade ou servidor que

  A) tenha interesse direto na matéria.

  B) tenha participado ou venha a participar como perito, testemunha ou representante.

  C) esteja litigando judicial ou administrativamente com o interessado.

  D) esteja litigando judicial ou administrativamente com cônjuge ou companheiro do interessado.

  E) tenha amizade íntima com parente de terceiro grau de algum dos interessados.

  Resposta: E. As demais hipóteses configuram caso de impedimento, não de suspeição.

Art. 21. O indeferimento de alegação de suspeição poderá ser objeto de **recurso, sem efeito suspensivo.**

→ Aplicação em concurso:

- **(FCC/TRE-PR/Analista área judiciária/2017)** O indeferimento da alegação de suspeição de autoridade no âmbito do processo administrativo poderá ser objeto de recurso, com efeito suspensivo.

  Resposta: item incorreto, por contrariar disposição expressa da lei.

CAPÍTULO VIII
DA FORMA, TEMPO E LUGAR DOS ATOS DO PROCESSO

Art. 22. Os atos do processo administrativo **não dependem de forma determinada senão quando a lei expressamente a exigir.**

§ 1º Os atos do processo devem ser produzidos por **escrito**, em vernáculo, com a data e o local de sua realização e a assinatura da autoridade responsável.

§ 2º Salvo imposição legal, o **reconhecimento de firma** somente será exigido quando houver **dúvida de autenticidade.**

§ 3º A autenticação de documentos exigidos em cópia poderá ser feita pelo órgão administrativo.

§ 4º O processo deverá ter suas páginas numeradas sequencialmente e rubricadas.

1. **Princípio do informalismo:** como já anotamos no art. 2º, os atos do processo administrativo podem ser praticados sob qualquer forma, desde que a lei não imponha uma formalidade específica. E essas formalidades estão, na maioria, elencadas neste capítulo.

   → **STJ:**

   > "RMS – ADMINISTRATIVO – PROCESSUAL CIVIL – FISCAL DE TRIBUTOS – PROCESSO ADMINISTRATIVO DISCIPLINAR – EXTRAPOLAÇÃO DO PRAZO PARA APRESENTAÇÃO DO RELATÓRIO FINAL – NULIDADE DO PROCESSO – NÃO OCORRÊNCIA – PRESCRIÇÃO PUNITIVA AFASTADA – **CONJUGAÇÃO DOS PRINCÍPIOS DA RAZOABILIDADE E INSTRUMENTALIDADE DAS FORMAS.** 1 – **O princípio da instrumentalidade das formas, no âmbito administrativo, veda o raciocínio simplista e exageradamente positivista. A solução está no formalismo moderado, afinal as formas têm por objetivo gerar segurança e previsibilidade e só nesta medida devem ser preservadas. A liberdade absoluta impossibilitaria a sequência natural do processo. Sem regras estabelecidas para o tempo, o lugar e o modo de sua prática. Com isso, o processo jamais chegaria ao fim.** A garantia da correta outorga da tutela jurisdicional está, precisamente, no conhecimento prévio do caminho a ser percorrido por aquele que busca a solução para uma situação conflituosa. **Neste raciocínio, resta evidenciada a preocupação com os resultados e não com formas pré-estabelecidas e engessadas com o passar dos tempos.** 2- Neste contexto, despicienda a tentativa de anular todo o processo com base na existência de nulidade tida como insanável. A dilação do prazo para entrega do relatório final, em um dia, se deu por conta da complexidade do processo em testilha, oportunidade em que devem ser conjugados os princípios da razoabilidade e instrumentalidade das formas. (...)". STJ: 5ª Turma, RMS nº 8.005/SC, Relator Ministro Gilson Dipp, DJ de 02.05.2000, p. 150.

2. **Forma:** os atos devem ser praticados por escrito, sendo a exceção a existência de atos verbais. Além disso, deve-se utilizar o vernáculo (Língua oficial – Língua Portuguesa, nos termos do art. 13 da CF). Os documentos escritos em Língua estrangeira devem ser traduzidos antes de serem considerados. Ademais, os atos devem conter local e data, além da assinatura da autoridade que os praticou. Como se vê, exigem-se apenas as formalidades mais básicas.
3. **Reconhecimento de firma:** em atenção ao princípio do informalismo, a exigência de reconhecimento de firma deve ser excepcional, justificando-se apenas quando houver dúvida fundada sobre a veracidade e autenticidade do documento ou da assinatura.
4. **Autenticação:** é a declaração de que o documento é verdadeiro e que as cópias correspondem à íntegra do original. Não é necessário que sejam feitas em cartório, uma vez que qualquer servidor tem fé pública

para fazê-lo, como deixa claro o § 3º, numa clara tentativa de diminuir a burocracia no trâmite de papéis administrativos.

5. **Numeração de páginas:** exige-se que todas as folhas do processo administrativo sejam rubricadas e numeradas, como forma de prevenir eventuais fraudes ("sumiço" ou "aparecimento" de documentos, por exemplo). A numeração, obviamente, deve ser sequencial.

→ **Aplicação em concurso:**

- **(Cespe/STM/Técnico/2018)** A fim de evitar a anulação de processo administrativo, em regra, deverá ser exigido que os documentos juntados aos autos tenham firmas reconhecidas.

Resposta: item incorreto.

Art. 23. Os atos do processo devem realizar-se em **dias úteis**, no **horário normal de funcionamento da repartição** na qual tramitar o processo.

Parágrafo único. Serão **concluídos depois do horário normal os atos já iniciados**, cujo adiamento prejudique o curso regular do procedimento ou cause dano ao interessado ou à Administração.

1 **Tempo dos atos:** os atos processuais devem, via de regra, ser praticados nos dias úteis (segunda a sexta-feira, exceto feriados) e no horário normal de funcionamento da repartição. Porém, admite-se que os atos já iniciados continuem a ser praticados, para evitar prejuízos. Assim, por exemplo, via de regra um ato não pode ser praticado à meia-noite, se não funcionar nesse horário a repartição. Todavia, a colheita de um depoimento, marcada para as 19h, pode estender-se pela noite, para que não seja necessário reunir todos novamente no dia seguinte.

→ **Aplicação em concurso:**

- (Cespe/TRE-PE/Analista área administrativa/2017) Com base no disposto na Lei n.º 9.784/1999, assinale a opção correta a respeito dos atos do processo administrativo.

A) Permite-se que tais atos sejam praticados oralmente, dados os princípios da eficiência e da celeridade.

B) Tais atos devem ser praticados, preferencialmente, na sede do órgão administrativo, sendo obrigatória a ciência ao interessado no caso de virem a ser realizados em outro local.

C) Exige-se o reconhecimento de firma para todos os documentos que forem assinados em razão da prática dos citados atos.

D) Os atos em questão podem ser realizados em qualquer dia e horário.

E) Exige-se forma específica e prevista em lei para a realização dos atos em apreço.

Resposta: alternativa b.

- **(CESPE/TJDFT/Analista Judiciário – Administrativa/2008).**

  Os atos do processo administrativo disciplinar regido pela Lei n.º 9.784/1999 podem realizar-se em qualquer dia da semana, desde que ocorram na sede do órgão.

  Resposta: errado.

Art. 24. **Inexistindo disposição específica**, os atos do órgão ou autoridade responsável pelo processo e dos administrados que dele participem devem ser praticados no **prazo de cinco dias**, salvo motivo de força maior.

Parágrafo único. O prazo previsto neste artigo pode ser **dilatado até o dobro**, mediante comprovada justificação.

1. **Prazo para a prática dos atos:** a LPA prevê prazo para a prática de uma série de atos (decisão, interposição de recursos, etc.). Porém, quando a lei não estipular qualquer prazo, fica valendo o lapso de cinco dias, salvo motivo de força maior (enchente, incêndio, etc.). Esse prazo de cinco dias pode ser prorrogado uma vez (dilatado até o dobro), desde que por motivo justificado e comprovado. É de se lembrar, todavia, que se cuida aqui de um prazo impróprio, cujo descumprimento não gera nulidade nem maiores consequências (o que não significa que não deva ser observado).

   → **Aplicação em concurso:**

   - **(FCC/TRT-11ª Região/Analista área judiciária/2017)** Mauro, servidor público federal, responsável por determinado processo administrativo de âmbito federal, deve, de acordo com a Lei no 9.784/1999, praticar ato no prazo de cinco dias, quando inexistir disposição legal específica, bem como quando inexistir motivo de força maior que justifiquem prazo diverso. De acordo com a mesma Lei, o referido prazo

     A) pode ser dilatado até o dobro, mediante comprovada justificação.

     B) não comporta dilatação.

     C) pode ser dilatado até o triplo, não sendo necessária justificação para tanto.

     D) pode ser dilatado até o dobro, não sendo necessária justificação para tanto.

     E) pode ser dilatado para o prazo máximo de trinta dias, mediante comprovada justificação.

     Resposta: item a.

   - **(FCC/TRE-AP/Analista Judiciário – área judiciária/2011)** Inexistindo disposição específica, em regra, os atos do órgão ou autoridade responsável pelo processo e dos administrados que dele participem devem ser praticados no prazo de

A) cinco dias, improrrogáveis.

B) dez dias prorrogado por mais dez, mediante comprovada justificação.

C) vinte dias, improrrogáveis.

D) cinco dias prorrogado pelo dobro, mediante comprovada justificação.

E) quarenta e oito horas, improrrogáveis.

Resposta: D (art. 24, caput e parágrafo único).

Art. 25. Os atos do processo devem realizar-se preferencialmente na **sede do órgão, cientificando-se o interessado se outro for o local de realização.**

1. **Lugar dos atos:** é a própria repartição, exceto nos casos em que haja justificado motivo para serem praticados em local diverso (oitiva de testemunha que reside em outro Município, por exemplo). Nesse caso (prática do ato em outro local), os interessados devem ser avisados especificamente sobre esse ponto.

CAPÍTULO IX
DA COMUNICAÇÃO DOS ATOS

Art. 26. O órgão competente perante o qual tramita o processo administrativo determinará a **intimação** do interessado para ciência de decisão ou a efetivação de diligências.

§ 1º A intimação deverá conter:

I – **identificação do intimado** e nome do órgão ou entidade administrativa;

II – **finalidade** da intimação;

III – **data, hora e local** em que deve comparecer;

IV – se o intimado deve comparecer pessoalmente, ou fazer-se representar;

V – informação da continuidade do processo independentemente do seu comparecimento;

VI – indicação dos **fatos e fundamentos legais** pertinentes.

§ 2º A intimação observará a **antecedência mínima de três dias úteis** quanto à data de comparecimento. § 3º A intimação pode ser efetuada por ciência no processo, por via postal com aviso de recebimento, por telegrama ou outro **meio que assegure a certeza da ciência do interessado.**

§ 4º No caso de **interessados indeterminados, desconhecidos ou com domicílio indefinido**, a intimação deve ser efetuada por meio de **publicação oficial.**

§ 5º As intimações serão **nulas** quando feitas **sem observância das prescrições legais**, mas **o comparecimento do administrado supre sua falta ou irregularidade.**

1. **Intimação:** é o ato de comunicação ao interessado de qualquer situação processual. No processo administrativo, quaisquer atos de comunicação ao interessado são chamados de intimação, independentemente de serem a primeira comunicação ou não. É direito dos interessados serem comunicados de qualquer ato processual relevante, nos termos do art. 3º. Assim, a lei determina a intimação do interessado para que conheça uma decisão ou para que efetive diligências (compareça a uma audiência, produza prova, constitua advogado, apresente defesa ou alegações, etc.).
2. **Modalidades de intimação:** existem basicamente quatro formas (modalidades) de intimação: A) pessoal – a intimação é entregue pessoalmente por um servidor ao interessado, que recebe uma via e dá o recibo na outra; B) por via postal – expede-se uma carta com AR (aviso de recebimento), que retorna à repartição assinado pelo recebedor e é, então, juntado ao processo; C) ciência no processo – quando o interessado consulta o processo, considera-se automaticamente intimado das decisões nele contidas; e D) edital. A Administração pode discricionariamente escolher qual a modalidade de intimação que adotará, exceto no caso de intimação por edital, que só pode ocorrer nas hipóteses previstas em lei. Entretanto, é bom lembrar que, ante o princípio do informalismo, a Administração pode intimar os interessados por quaisquer outros meios (e-mail, telefone, fax, etc.), desde que se assegure a certeza do recebimento da intimação pelo interessado.
3. **Intimação por edital:** só pode ser feita nas hipóteses previstas em lei, quais sejam: A) interessados indeterminados ou desconhecidos; ou B) interessados com endereço desconhecido. Deve ser feita por meio de publicação do edital no Diário Oficial da União.

   CUIDADO! Embora a publicação em diário oficial seja uma das principais formas de concretização do princípio da publicidade, especificamente no que diz respeito às intimações no processo administrativo **a publicação em diário oficial tem natureza EXCEPCIONAL.**
4. **Requisitos da intimação:** a intimação deve obrigatoriamente conter, sob pena de nulidade, os requisitos referidos no § 1º. Ademais, deve ser feita com a antecedência mínima de 3 dias ÚTEIS. Porém, é certo que – embora a intimação sem as formalidades legais seja nula – se o interessado mesmo assim comparecer, a nulidade estará sanada.
5. **Jurisprudência:** o STJ consignou que a convocação ou nomeação para cargo público, depois de transcorrido tempo longo do concurso, tem de ser feita pessoalmente, e não apenas por meio de publicação no Diário Oficial:

"Uma candidata aprovada em concurso do estado do Amapá garantiu no Superior Tribunal de Justiça (STJ) novo prazo para apresentar documentos e realizar exames médicos em razão de sua nomeação. Os ministros da Quinta Turma consideraram nula a convocação realizada somente pelo Diário Oficial do estado, três anos após a conclusão do concurso. O caso chegou ao STJ por um recurso em mandado de segurança. Para o relator, ministro Napoleão Nunes Maia Filho, a convocação pela via do Diário Oficial, quando prevista em edital, seria aceitável se operada logo na sequência da conclusão do concurso, mas não três anos depois. A atitude fere, no entender do relator, os princípios constitucionais da razoabilidade e da publicidade. "Os atos da Administração devem ser providos da mais ampla divulgação possível a todos os administrados e, ainda com maior razão, aos sujeitos individualmente afetados", afirmou o ministro. A decisão da Quinta Turma foi unânime (...) No julgamento, os ministros ponderaram que, "com o desenvolvimento social cada vez mais marcado pela crescente quantidade de informações oferecidas e cobradas habitualmente", não seria razoável exigir de um candidato, uma vez aprovado em concurso público, que lesse o diário oficial diariamente, por mais de três anos, na expectativa de se deparar com sua convocação. Noutro precedente (RMS 22508), julgado no ano passado, a Quinta Turma havia tratado de tema semelhante. Reconheceu o direito de um candidato aprovado para o cargo de agente de polícia civil, mas somente convocado pelo Diário Oficial do Estado da Bahia, de ser convocado para as demais etapas do concurso, mesmo tendo perdido o prazo. Naquele caso, o relator, ministro Arnaldo Esteves Lima, considerou o fato de não haver notícia de que outra forma de chamamento do candidato tivesse sido realizada pela Administração Pública." (Notícias STJ, 24.03.2009).

→ Aplicação em concurso:

- **(FCC/PGE-TO/Procurador/2018)** A Lei de Processo Administrativo – Lei Federal no 9.784/1999 – estabelece que, no tocante à comunicação dos atos processuais aos interessados,

  A) o desatendimento da intimação pelo interessado importará em confissão ficta.

  B) somente deve ser objeto de intimação a produção de provas requeridas pelo próprio interessado.

  C) a intimação dos atos processuais é feita por publicação em Diário Oficial, cabendo ao interessado acompanhar os assuntos de seu interesse.

  D) as intimações serão nulas quando feitas sem observância das prescrições legais, mas o comparecimento do administrado supre sua falta ou irregularidade.

  E) a intimação observará a antecedência mínima de 10 dias úteis quanto à data de comparecimento.

Resposta: d (o erro da alternativa "a" será analisado no artigo seguinte; o erro da alternativa b será analisado no estudo do art. 28)

- **(Cespe/TRE-PI/Analista Judiciário – área judiciária/2016)** O comparecimento e ciência do agente público investigado em PAD não supre a falta de sua intimação, haja vista o seu direito de ser citado pelo menos três dias antes da data para cumprimento do objeto da intimação.

  Resposta: errado (o comparecimento supre a falta de intimação art. 26, § 5º).

  Perceba que uma questão idêntica havia sido cobrada no concurso para Analista de Organizações do Tribunal de Contas do DF (2013), também elaborado pelo Cespe:

  Nos processos administrativos, as intimações serão nulas quando feitas sem observância das prescrições legais, no entanto o comparecimento do administrado supre sua falta ou sua irregularidade.

  Gabarito: correto.

Art. 27. O **desatendimento da intimação** <u>**não importa**</u> o **reconhecimento** da verdade dos fatos, nem a **renúncia** a direito pelo administrado.

Parágrafo único. No prosseguimento do processo, será garantido direito de ampla defesa ao interessado.

1. **Revelia:** no processo administrativo, a revelia (não atendimento de intimação) não importa maiores efeitos. O interessado não está reconhecendo a verdade dos fatos nem renunciando ao direito que pretensamente tem. Justamente por isso, a revelia gera apenas um efeito prático: a preclusão (perda do direito de praticar *aquele* ato – presença em audiência, por exemplo). Mas, mesmo revel, o interessado continua com o direito de acompanhar o processo e nele intervir, na fase em que se encontrar. Assim, por exemplo, interessado que for intimado a comparecer e não o fizer nem por isso será proibido de produzir provas ou terá admitido a verdade dos fatos, como acontece no processo civil. Reitere-se: a revelia, no processo administrativo, não importa renúncia a direito nem reconhecimento da verdade dos fatos alegados no processo.

   Diferentemente do que ocorre no processo civil, **a revelia no processo administrativo não implica confissão ficta.**

   → **Aplicação em concurso:**

   - **(CESPE/TJDFT/Analista Judiciário – Área Administrativa/2008)** O não-comparecimento do administrado intimado para se defender importará na sua revelia e, consequentemente, no reconhecimento da verdade dos fatos não impugnados.

     Resposta: errado. A revelia não importa reconhecimento da verdade dos fatos.

Art. 28. Devem ser **objeto de intimação** os atos do processo que resultem para o interessado em **imposição de deveres, ônus, sanções ou restrição ao exercício de direitos e atividades** e os atos de outra natureza, de seu **interesse.**

1. Aplicação em concurso:

- **(FCC/TRF1/Analista Judiciário – área administrativa/2011)** No que concerne à comunicação dos atos, prevista na Lei no 9.784/1999, é correto afirmar que

  A) os atos do processo que resultem para o interessado em imposição de deveres, ônus, sanções ou outras restrições devem ser objeto de intimação, o mesmo não ocorrendo para os atos de outra natureza, ainda que de interesse do administrado.

  B) a intimação pode ser efetuada por ciência no processo, por via postal com aviso de recebimento, ou ainda, por telegrama, não sendo cabível por outro meio, ainda que assegure a certeza da ciência do interessado.

  C) no caso de interessados indeterminados, desconhecidos ou com domicílio indefinido, a intimação deve ser efetuada por meio de publicação oficial.

  D) as intimações serão nulas quando feitas sem observância das prescrições legais, e o comparecimento do administrado não supre sua falta ou irregularidade.

  E) a intimação observará a antecedência mínima de cinco dias úteis quanto à data de comparecimento.

  Resposta: C (art. 26, § 4º). A letra A está incorreta porque a intimação deve ser realizada sempre que haja interesse do Administrado. A alternativa B, por sua vez, é errada, pois a intimação pode ser feita por qualquer meio que assegure a ciência do interessado (art. 26, § 3º). Já a alternativa D está errada porque, embora exista nulidade na intimação, o comparecimento do intimado supre esse vício (art. 26, § 5º). Por fim, a letra E está também errada porque a intimação deve ser realizada com a antecedência mínima de **três** *dias úteis (e não cinco): ver art. 26, § 2º.*

CAPÍTULO X
DA INSTRUÇÃO

Art. 29. As atividades de instrução destinadas a averiguar e comprovar os dados necessários à tomada de decisão realizam-se **de ofício ou mediante impulsão do órgão** responsável pelo processo, sem prejuízo do **direito dos interessados de propor atuações probatórias.**

§ 1º O órgão competente para a instrução fará constar dos autos os dados necessários à decisão do processo.

§ 2º Os atos de instrução que exijam a atuação dos interessados devem realizar-se do modo menos oneroso para estes.

1. **Instrução:** é a fase de produção de provas do processo administrativo. Depois da instauração (início), vem a instrução (colheita de provas), para enfim chegarmos à decisão (término).
2. **Iniciativa probatória:** cabe à Administração produzir as provas a serem usadas no processo (decorrência do princípio da impulsão de ofício). Isso, no entanto, não exclui a possibilidade de os interessados também requererem provas para serem produzidas. Nos casos em que se exija a atuação dos interessados (depoimentos, juntada de documentos), deve-se fazê-lo da maneira que lhes cause o menor número de transtornos e complicações.

   Tal situação de produção de prova de ofício ou mediante requerimento das partes, entretanto, não deve ser confundido com o ônus da prova: o ônus de provar a ilegalidade de um ato administrativo é sempre do administrado, dada a presunção de legitimidade das manifestações unilaterais de vontade da administração pública.
3. **TEMA PARA PROVAS ORAIS E DISCURSIVAS: o poder instrutório e de requisição no âmbito do Processo Administrativo**

   Algumas entidades ou órgãos possuem, por lei, além do poder de instrução, o poder de requisição de documentos em posse de particulares, ainda que cobertos por sigilo empresarial. Analisaremos a situação dessas entidades, com vistas a uma possível questão discursiva ou de prova oral, especialmente para cargos da advocacia pública ou de agências reguladoras.

   Principiamos nossa análise pela Lei do Cade (Lei nº 12.529, de 30 de novembro de 2011). Essa legislação, que veio a revogar a lei de criação da própria entidade, atribuiu-lhe diversas competências novas, reforçando seu papel de instituição de defesa da concorrência no Brasil. Dentre essas inovações, destacou-se o chamado "poder de requisição", uma espécie de poder instrutório a ser exercido pelo Conselho em relação aos agentes econômicos sujeitos à sua fiscalização.

   De acordo com o inciso III do art. 11 da Lei do Cade, compete aos Conselheiros da entidade "requisitar informações e documentos de quaisquer pessoas, órgãos, autoridades e entidades públicas ou privadas, a serem mantidos sob sigilo legal, quando for o caso, bem como determinar as diligências que se fizerem necessárias" (grifamos). Essa prerrogativa é especificada no art. 40 da mesma Lei, segundo o qual:

   > Art. 40. A recusa, omissão ou retardamento injustificado de informação ou documentos solicitados pelo Cade ou pela Secretaria de Acompanhamento Econômico constitui infração punível com multa diária de R$ 5.000,00 (cinco mil reais), podendo ser aumentada em até 20 (vinte)

> vezes, se necessário para garantir sua eficácia, em razão da situação econômica do infrator.
>
> § 1º O montante fixado para a multa diária de que trata o *caput* deste artigo constará do documento que contiver a requisição da autoridade competente.
>
> § 2º Compete à autoridade requisitante a aplicação da multa prevista no *caput* deste artigo.
>
> § 3º Tratando-se de empresa estrangeira, responde solidariamente pelo pagamento da multa de que trata o *caput* sua filial, sucursal, escritório ou estabelecimento situado no País.

Como se vê, esse poder é bastante relevante. Não chega a se equiparar, por exemplo, ao poder de requisição do Ministério Público, que tem expressa previsão constitucional (Constituição Federal – CF, art. 129, VI) e legal, inclusive sob pena de crime de desobediência (Lei nº 7.347, de 24 de julho de 1985, art. 10). Mesmo assim, representa um nível além das competências ordinariamente atribuídas a entidades administrativas, ainda que sob regime especial.

Compulsamos a legislação relativa às principais agências reguladoras federais, das quais tomamos como exemplo a Agência Nacional de Transportes Terrestres (ANTT), a Agência Nacional de Transportes Aquaviários (ANTAQ) – ambas regidas pela Lei nº 10.233, de 5 de junho de 2001); a Agência Nacional de Telecomunicações (ANATEL), regida pela Lei nº 9.472, de 16 de julho de 1997; e a Agência Nacional de Cinema (ANCINE), criada pela Medida Provisória nº 2.228-1, de 6 de setembro de 2001. Nenhuma delas atribui à respectiva agência qualquer poder instrutório de forma explícita.

Geralmente, existem previsões genéricas sobre a competência da entidade de regulação para fiscalizar o cumprimento de contratos, ou a própria prestação do serviço público, ou de relevância pública. Nem de perto, porém, com a especificidade e o poder de cogência contido na legislação de defesa da concorrência, o que explica o fato, noticiado pela assessoria do Senador, de que muitas agências têm buscado o Cade para o auxílio na obtenção de informações em poder dos agentes regulados.

Demais disso, entendemos que não seria suficiente para a resolução do caso a aplicação da teoria dos poderes implícitos[3]. Com efeito, não está em jogo a possibilidade de as agências exercerem determinada função (instrução), a fim de instrumentalizar sua atividade-fim (regulação). Isso porque, conforme reconhece a doutrina, a função de fiscalização é intrínseca à própria ideia de agências reguladoras[4]. O problema prático-jurídico que se coloca é a falta de uma norma que atribua à desobediência em relação às requisições de enti-

---

3. Reconhecida, no Direito norte-americano, desde o caso McCulloch v. Maryland, de 1819.
4. Cf. ARANHA, Marcio Iorio. **Manual de Direito Regulatório.** Scotts Valley: CreateSpace, 2013, p. 117.

dades reguladoras a mesma consequência do que ocorre com o desrespeito às requisições emanadas do Cade[5].

Trata-se, portanto, a nosso ver, de um problema verdadeiramente legislativo, e não apenas de interpretação ou aplicação da norma. Em outras palavras: para incrementar o poder de instrução – absolutamente necessário ao desempenho das atribuições regulatórias – seria necessário alterar a própria legislação relativa às agências, tendo como inspiração a Lei do Cade.

Art. 30. São **inadmissíveis** no processo administrativo as **provas obtidas por meios ilícitos.**

▶ **ATENÇÃO!!!** Este é um dos artigos mais importantes e mais cobrados da Lei nº 9.784/99! MEMORIZE-O!!!

1. **Provas admitidas:** quaisquer tipos de provas lícitas, sobretudo as provas: A) testemunhais (depoimentos de testemunhas); B) documentais (documentos em geral); C) periciais (laudos de peritos, atestados médicos, etc.).
2. **Provas inadmissíveis:**

2.1. Provas ilícitas

2.1.1. Regra geral: inadmissibilidade

Em respeito ao devido processo legal, o Estado e os particulares só podem utilizar-se, no processo, de provas obtidas por meios lícitos, constitucionalmente legítimos. Por isso, a regra é a inadmissibilidade, no processo, das provas obtidas por meios ilícitos (art. 5º, LVI).

Assim, por exemplo, uma interceptação telefônica obtida sem a autorização judicial não pode ser usada para a condenação de alguém, ainda que seja a única prova existente, pois, se o estado busca condenar alguém, deve fazê-lo pelos meios lícitos, constitucionalmente adequados.

→ **Aplicação em concurso**

- **(Cespe/TJ-CE/Juiz/2018)** Por força do princípio da verdade material, admite-se a utilização, em processo administrativo, de provas obtidas por meio ilícito, desde que produzidas de boa-fé.

  Resposta: item incorreto.

---

5. Ressalte-se que, ao menos no caso dos agentes econômicos que celebram contratos de concessão ou permissão, nada impede que o contrato preveja determinados deveres de fornecimento de informações pela empresa. Assim, o problema também poderia ser resolvido em sede contratual, mas permaneceria em relação a agentes fiscalizados que não celebram contrato com o Estado, o que mantém a pertinência da alteração legislativa sugerida.

- **(ESAF/TCE-GO/Auditor/2007)** São inadmissíveis, no processo, as provas obtidas por meios ilícitos.

  Resposta: correto.

- **(Cespe/Detran-ES/Administrador/2010)** No processo administrativo disciplinar, por não se seguir rito próprio de processo judicial, admite-se a utilização de provas obtidas por meios ilícitos, tais como escuta telefônica não autorizada por juiz.

  Resposta: errado.

2.1.2. Ilicitude por derivação: a teoria dos frutos da árvore envenenada

Trata-se de uma teoria americana, adotada pelo STF, de acordo com a qual a ilicitude da prova se comunica às demais dela decorrentes. Assim, a simples existência de um aprova ilícita não anula todo o processo, mas as provas que sejam consequência lógica da prova ilícita também serão alcançadas, pois de uma árvore envenenada não podem surgir frutos bons.

Atualmente, tal regra está prevista expressamente no Código de Processo Penal, que prevê, no art. 157, § 1º: "São também inadmissíveis as provas derivadas das ilícitas, salvo quando não evidenciado o nexo de causalidade entre umas e outras, ou quando as derivadas puderem ser obtidas por uma fonte independente das primeiras".

Porém, é preciso lembrar (e isso já foi cobrado em prova: ESAF/Aneel/Especialista/2006) que, segundo a doutrina e a jurisprudência, a existência de uma prova ilícita não contamina todo o processo, mas apenas os elementos derivados diretamente da prova ilegal. Assim, é válida a condenação, se houver, nos autos, provas lícitas suficientes para atestar a ocorrência do crime.

2.1.3. Relativização da regra: o princípio da proporcionalidade e a admissibilidade da prova obtida por meios ilícitos para fins de defesa

Excepcionalmente, aceita-se o uso como lícita de uma prova obtida por meios ilícitos, quando para fins de defesa, e, cumulativamente, quando esta for uma prova necessária, indispensável (não necessariamente a única prova), pois é melhor aceitar o uso de uma prova colhida em desacordo com a Constituição do que condenar um inocente.

Só se admite invocar o princípio da proporcionalidade para excluir a ilicitude da prova quando em benefício da defesa, jamais para embasar a acusação.

→ Aplicação em concurso

- **(Cespe/MPU/Analista Processual/2010)** O sistema normativo processual penal e a jurisprudência vedam, de forma absoluta, expressa e enfática, a utilização, pelas partes, em qualquer hipótese, de prova ilícita no processo penal.

Resposta: errado. Admite-se a utilização como lícita de uma prova obtida por meios ilícitos, quando for para fim de defesa e a prova for imprescindível.

3. **Prova "emprestada" e escuta telefônica:** embora o art. 5º, XII, da CF, determine que o sigilo das comunicações telefônicas só pode ser quebrado por ordem judicial *para fins de investigação criminal ou instrução processual penal*, o STF tem admitido que a gravação autorizada pela justiça, utilizada em um processo penal, seja aproveitada em processo administrativo disciplinar, como "prova emprestada", sem configurar prova ilícita. Sobre o assunto, Alexandre de Moraes ressalva que "a possibilidade de utilização dessa prova emprestada somente será vedada, quando verificado o desvio de finalidade".

→ **STF:**

> "PROVA EMPRESTADA. Penal. Interceptação telefônica. Documentos. Autorização judicial e produção para fim de investigação criminal. Suspeita de delitos cometidos por autoridades e agentes públicos. Dados obtidos em inquérito policial. Uso em procedimento administrativo disciplinar, contra outros servidores, cujos eventuais ilícitos administrativos teriam despontado à colheita dessa prova. Admissibilidade. Resposta afirmativa a questão de ordem. Inteligência do art. 5º, inc. XII, da CF, e do art. 1º da Lei federal nº 9.296/96. Precedentes. Voto vencido. **Dados obtidos em interceptação de comunicações telefônicas, judicialmente autorizadas para produção de prova em investigação criminal ou em instrução processual penal, bem como documentos colhidos na mesma investigação, podem ser usados em procedimento administrativo disciplinar, contra a mesma ou as mesmas pessoas em relação às quais foram colhidos, ou contra outros servidores cujos supostos ilícitos teriam despontado à colheita dessas provas**" (Pleno, Pet 3683-QO/MG, Relator Ministro Cezar Peluso, DJe de 20.02.2009).

→ **STJ:**

> "É possível utilizar, em processo administrativo disciplinar, na qualidade de 'prova emprestada', a interceptação telefônica produzida em ação penal, desde que devidamente autorizada pelo juízo criminal e com observância das diretrizes da Lei 9.296/1996". MS 16.146-DF, Rel. Min. Eliana Calmon, julgado em 22/5/2013.
>
> **Súmula 591**: "É permitida a "prova emprestada" no processo administrativo disciplinar, desde que devidamente autorizada pelo juízo competente e respeitados o contraditório e a ampla defesa".

→ **Aplicação em concurso:**

- **(Cespe/TJ-AM/Juiz/2016)** A competência para autorizar a interceptação telefônica é exclusiva do juiz criminal, caracterizando prova ilícita o aproveitamento da diligência como prova emprestada a ser utilizada pelo juízo cível ou em processo administrativo.

Gabarito: errado (embora a competência para autorizar a interceptação telefônica é, realmente, do juízo criminal; todavia, sua utilização como prova emprestada é admissível, não havendo que se falar em ilicitude).

- **(Cespe/TRT1/Juiz do Trabalho/2010)** Embora a CF admita a decretação, pela autoridade judicial, da interceptação telefônica para fins de investigação criminal ou instrução processual penal, é possível a utilização das gravações no processo civil ou administrativo, como prova emprestada.

  Resposta: correto.

- (Cespe/MPE-AC/Promotor/2014) Não é possível a utilização, em processo administrativo disciplinar, de prova emprestada produzida validamente em processo criminal, enquanto não houver o trânsito em julgado da sentença penal condenatória.

  Gabarito: errado (conforme já decidiu o STJ: "É plenamente admitida no processo administrativo disciplinar a utilização de prova emprestada, extraída de feito em curso na esfera criminal" 3ª Seção, MS nº 12.803/DF, Relator Ministro Rogério Schietti Cruz, DJe de 15.04.2014).

Art. 31. Quando a matéria do processo envolver **assunto de interesse geral**, o órgão competente **poderá**, mediante despacho motivado, abrir período de **consulta pública** para manifestação de terceiros, antes da decisão do pedido, se não houver prejuízo para a parte interessada.

§ 1º A abertura da consulta pública será objeto de divulgação pelos meios oficiais, a fim de que pessoas físicas ou jurídicas possam examinar os autos, fixando-se prazo para oferecimento de alegações escritas.

§ 2º **O comparecimento à consulta pública não confere**, por si, a **condição de interessado do processo**, mas confere o **direito de obter da Administração resposta fundamentada**, que poderá ser comum a todas as alegações substancialmente iguais.

1. **Consulta pública:** é um democrático meio de participação dos administrados nas decisões administrativas, sendo por isso associado às modernas teorias acerca da administração pública (administração gerencial e participativa). Deve ser aberto prazo para consulta pública sempre que haja interesse geral envolvido. Já houve vários casos de consultas públicas, principalmente relativas a direitos do consumidor. As últimas formas feitas por meio do sítio do Ministério da Justiça acerca de telefonia móvel e planos de saúde. Perceba-se que a abertura de consulta pública, embora recomendável, é ato discricionário da Administração, que pode ou não convocá-la. A consulta pública deverá ser divulgada em meios oficiais (Diário Oficial da União, por exemplo), com prazo para que pessoas físicas ou jurídicas consultem os autos e, querendo, apresentem alegações por escrito.

2. **Natureza dos participantes da consulta pública:** quem participa de consulta pública o faz em situação semelhante à do *amicus curiae* no processo concentrado de controle de constitucionalidade: não é "parte" (interessado) no processo, mas terceiro que tem legitimidade para intervir, por interesse público. Assim, não é o simples fato de alguém comparecer à consulta pública que faz dele interessado no processo, com todos os direitos do art. 3º. Interessados são apenas as pessoas elencadas no art. 9º. Os participantes de consulta pública não se tornam, só por isso, interessados, embora os interessados também possam participar.

→ **Aplicação em concurso:**

- (FCC/PGE-MT/Procurador/2016) A Lei n° 9.784/99 (Lei Federal de Processos Administrativos) estabelece que

  A) é admitida a participação de terceiros no processo administrativo

  B) é faculdade do administrado fazer-se assistir por advogado, exceto nos processos disciplinares em que a defesa técnica é obrigatória

  C) é expressamente vedada a apresentação de requerimento formulado de maneira oral pelo interessado, em vista do princípio da segurança jurídica

  D) a condução do processo administrativo é absolutamente indelegável

  E) é admitida a avocação temporária de competência atribuída a órgão hierarquicamente superior.

  Resposta: A (art. 31). O erro da alternativa B está no fato de que a presença de advogado nos processos administrativos é facultativa (Súmula Vinculante nº 5). Na letra C, o erro está no fato de que, excepcionalmente, admite-se requerimento verbal, em virtude do princípio do formalismo mitigado. Na letra D, o erro está no fato de que a LPA permite a delegação (arts. 12 a 15). E, na alternativa E, o erro está no fato de que a avocação é feita em relação a órgão hierarquicamente inferior.

Art. 32. Antes da tomada de decisão, **a juízo da autoridade**, diante da relevância da questão, **poderá** ser realizada **audiência pública** para debates sobre a matéria do processo.

1. **Audiência pública:** é instrumento muito semelhante à consulta pública, com a única diferença que, enquanto na consulta pública a participação dos administrados se dá por escrito, na audiência pública se promovem debates entre os participantes. Importante notar, também, que um instrumento não exclui o outro, de modo que é perfeitamente possível realizar uma consulta pública E uma audiência pública. No mais, as demais regras da consulta se aplicam também à audiência pública.

2. **Natureza do ato que determina a realização de consulta ou audiência pública**: diante das expressões utilizadas pela lei, o ato da administração que decide pela realização de tais procedimentos é de natureza **discricionária** ("o órgão competente poderá (...) abrir período de consulta pública", "a juízo da autoridade (...) poderá ser realizada audiência pública").
3. **Diferenciação entre consulta e audiência pública**: pode-se dizer que, enquanto a audiência pública é um ato, a consulta pública é um período.

→ **Aplicação em concurso:**

- **(FGV/ALERJ/Procurador/2017)** A realização de audiências e consultas públicas nos processos administrativos se revela como um importante mecanismo de participação dialógica dos administrados, conferindo maior transparência e legitimidade às ações e condutas da Administração Pública.

  Sobre essa temática e à luz das disposições da Lei nº 9.784/99 – que trata do processo administrativo em sede federal – e do ordenamento jurídico em vigor, é correto afirmar que:

  A) o comparecimento à consulta pública confere à pessoa física, automaticamente, a condição de interessada no processo, assegurando-lhe o direito de obter da Administração resposta fundamentada;

  B) as hipóteses de realização de audiência pública estão taxativamente previstas na legislação, não podendo ser realizadas a partir de um juízo discricionário da autoridade competente;

  C) nas matérias relevantes os órgãos e entidades administrativas devem, preferencialmente, estabelecer a audiência e a consulta pública como meio de participação dos administrados;

  D) a realização de consulta pública será obrigatória toda vez que requerida por qualquer administrado, o que se impõe em razão da transparência e legitimidade das decisões nos processos administrativos;

  E) quando a matéria for de interesse geral, pode o órgão competente, motivadamente, abrir período de consulta pública para manifestação de terceiros, antes da decisão do pedido e desde que não ocorra prejuízo para a parte interessada.

  Resposta: alternativa e.

- **(Vunesp/TJSP/Advogado/2013)** Antes da tomada de decisão, a juízo da autoridade, diante da relevância da questão, poderá ser realizada audiência pública para debates sobre a matéria do processo.

  Gabarito: correto.

Art. 33. Os órgãos e entidades administrativas, em matéria relevante, poderão estabelecer outros meios de participação de administrados, diretamente ou por meio de organizações e associações legalmente reconhecidas.

1. **Outros meios de participação:** podem ser adotados pela Administração, além da audiência e da consulta pública, outros meios de participação dos administrados, ainda que informais (e-mail, carta, etc.), ou ainda por meio de organizações ou associações (associação de bairro, associação de defesa dos consumidores, etc.).

Art. 34. Os resultados da consulta e audiência pública e de outros meios de participação de administrados deverão ser apresentados com a indicação do procedimento adotado.

Art. 35. Quando necessária à instrução do processo, a audiência de outros órgãos ou entidades administrativas poderá ser realizada em reunião conjunta, com a participação de titulares ou representantes dos órgãos competentes, lavrando-se a respectiva ata, a ser juntada aos autos.

Art. 36. Cabe ao interessado a prova dos fatos que tenha alegado, sem prejuízo do dever atribuído ao órgão competente para a instrução e do disposto no art. 37 desta Lei.

1. **Ônus da prova:** como regra geral, o ônus probatório (tarefa de provar) cabe a quem alega (alegar e provar é não alegar). Dessa maneira, se o interessado afirma que possui direito a determinado adicional porque realizou tal curso, a ele cabe provar o que alegou. Isso, no entanto, não dispensa a Administração da possibilidade de produzir a prova, visto que o poder público possui, no processo administrativo, ampla iniciativa probatória.

   1.1. Ônus da prova e impugnação de atos administrativos: especificamente no que se refere aos atos administrativos, o ônus da prova é invertido, por força do princípio da presunção de legalidade dos atos da Administração. Assim, não é a Administração que tem que provar que o ato é legal: é o particular que tem que provar o vício do ato.

   → **Aplicação em concurso:**

   - **(CESPE/INSS/ANALISTA DE SEGURO SOCIAL/2008)** A presunção de legitimidade do ato administrativo implica que cabe ao administrado o ônus da prova para desconstituir o referido ato.

     Resposta: correto.

Art. 37. Quando o interessado declarar que fatos e dados estão registrados em documentos existentes na própria Administração responsável pelo processo ou em outro órgão administrativo, o órgão competente para a instrução proverá, de ofício, à obtenção dos documentos ou das respectivas cópias.

1. **Provas que se encontram em poder da Administração:** nesses casos, o interessado não terá o ônus da prova, que caberá, então, à Administração, embora tenha sido o administrado a alegar. Imagine-se, por exemplo, um servidor que alegue possuir direito a uma licença por contar determinado tempo de serviço: poderá provar isso por meio do assentamento funcional – documento que está em poder da Administração. Nesse caso, o interessado deverá informar esse fato, para que a autoridade competente para conduzir o processo proceda à busca pela prova ou informação.

Art. 38. O interessado poderá, na fase instrutória e antes da tomada da decisão, **juntar documentos e pareceres, requerer diligências e perícias, bem como aduzir alegações** referentes à matéria objeto do processo.

§ 1º Os elementos probatórios **deverão ser considerados** na motivação do relatório e da decisão.

§ 2º Somente poderão ser **recusadas**, mediante decisão fundamentada, as provas propostas pelos interessados quando sejam **ilícitas, impertinentes, desnecessárias ou protelatórias.**

1. **Iniciativa probatória do interessado:** como vimos (art. 29), a iniciativa de provar cabe, via de regra, à Administração, em vista do princípio da impulsão de ofício. Os fatos alegados pelo interessado, entretanto, implicam ônus de provar para ele mesmo, salvo se as provas estiverem em poder da Administração. Nenhuma dessas hipóteses, porém, retira a possibilidade de o interessado produzir provas ou formular alegações (afirmações), desde que o faça na época certa do processo (fase de instrução). Aliás, não pode a Administração desconsiderar tais elementos; ao contrário, é obrigada a analisá-los quando for ser prolatada a decisão. E, demais disso, a produção de provas é um direito do interessado, de modo que só podem ser recusadas as provas que sejam: A) ilícitas; B) impertinentes ou desnecessárias, isto é, provas que nada têm a ver com o objeto do processo ou nela não vão influir; ou C) protelatórias, ou seja, provas que têm por objetivo único tornar o processo mais demorado. Obviamente, a decisão que recusa a produção de uma prova é excepcional – motivo por que deve ser adequadamente motivada. Perceba-se que a possibilidade de atuação probatória dos interessados não é ilimitada, visto que encontra limites como os estabelecidos neste artigo.

→ **Aplicação em concursos:**

- **(Esaf/Aneel/Analista Administrativo/2006)** Ofende a garantia da ampla defesa o indeferimento de prova em processo judicial ou administrativo por ser desnecessária.

  Resposta: errado (se as provas são desnecessárias, o indeferimento é válido).

Art. 39. Quando for necessária a prestação de informações ou a apresentação de provas pelos interessados ou terceiros, serão expedidas intimações para esse fim, mencionando-se data, prazo, forma e condições de atendimento.

Parágrafo único. Não sendo atendida a intimação, poderá o órgão competente, se entender relevante a matéria, suprir de ofício a omissão, não se eximindo de proferir a decisão.

Art. 40. Quando dados, atuações ou documentos solicitados ao interessado forem **necessários à apreciação de pedido formulado**, o **não atendimento** no prazo fixado pela Administração para a respectiva apresentação implicará **arquivamento** do processo.

Art. 41. Os interessados serão **intimados** de prova ou diligência ordenada, com **antecedência mínima de três dias úteis**, mencionando-se data, hora e local de realização.

1. **Intimação dos interessados acerca da produção de prova:** sempre que a Administração for produzir uma prova (ouvir testemunha, ou produzir perícia, etc.), os interessados deverão ser intimados com a antecedência normal de três dias ÚTEIS, para que possa presenciar a produção da prova e, se for o caso, nela intervir, exercendo o contraditório. Além disso, a intimação deve conter as informações essenciais acerca de onde, quando e como a prova será produzida.

   CUIDADO! É muito comum as provas de concurso induzirem o candidato a erro, afirmando que APENAS serão objeto de intimação a produção de provas pelo interessado; entretanto, tal afirmativa está errada, tendo em vista o que diz o artigo 28 desta lei, já estudado, no sentido de que *"devem ser objeto de intimação os atos do processo que resultem para o interessado em imposição de deveres, ônus, sanções ou restrição ao exercício de direitos e atividades e os atos de outra natureza, de seu interesse".*

Art. 42. Quando deva ser obrigatoriamente ouvido um órgão consultivo, o **parecer** deverá ser emitido no prazo máximo de **quinze dias**, salvo norma especial ou comprovada necessidade de maior prazo.

§ 1º Se um **parecer obrigatório e vinculante** deixar de ser emitido no prazo fixado, **o processo não terá seguimento** até a respectiva apresentação, responsabilizando-se quem der causa ao atraso.

§ 2º Se um parecer **obrigatório e não vinculante** deixar de ser emitido no prazo fixado, **o processo poderá ter prosseguimento e ser decidido com sua dispensa,** sem prejuízo da responsabilidade de quem se omitiu no atendimento.

1. **Parecer:** é ato administrativo enunciativo (que expressa não uma pura vontade da Administração, mas mera opinião) por meio do qual a Administração enuncia uma opinião técnica acerca de determinado assunto. Existem basicamente três espécies de pareceres: A) parecer facultativo: é aquele que pode ou não existir, a depender da conveniência e oportunidade da autoridade administrativa; B) parecer obrigatório não vinculante: deve obrigatoriamente existir, mas a autoridade não é obrigada a seguir a opinião nele expressa (ex: parecer do MP nos processos de competência do STF; parecer do Conselho de Defesa Nacional em casos de guerra – CF, art. 91); C) parecer obrigatório vinculante: deve existir no processo, sob pena de nulidade, e a autoridade é obrigada a seguir-lhe o entendimento (ex: parecer da consultoria jurídica acerca da possibilidade de prorrogação de um processo administrativo: se o parecer for negativo, não poderá haver a prorrogação). Obviamente, existindo três espécies de parecer, diferentes serão os tratamentos legislativos para cada uma dessas hipóteses. Se um parecer obrigatório E vinculante deixar de ser exarado, o processo não poderá prosseguir enquanto o parecer não for editado; se faltar um parecer obrigatório NÃO vinculante, o processo poderá seguir (mesmo porque o parecer, se existisse, não seria vinculante), considerando-se dispensado o parecer. Em qualquer dos casos, evidentemente, nada disso excluirá a responsabilidade do servidor ou autoridade que der causa ao atraso ou à ausência do parecer.
2. **Prazo para a edição de parecer:** é de 15 dias, salvo outra previsão específica de lei ou caso de extrema necessidade, devidamente justificado.

→ Aplicação em concurso:

- **(FCC/TRT23/Analista Judiciário – área administrativa/2016)** Em dois processos administrativos distintos, de âmbito federal, constatou-se a obrigatoriedade de ser ouvido órgão consultivo, devendo os respectivos pareceres serem emitidos no prazo de quinze dias, porém não foram apresentados. No primeiro processo, o parecer era obrigatório e vinculante e deixou de ser emitido no prazo fixado. No segundo processo, o parecer era obrigatório mas não vinculante e também deixou de ser emitido no prazo fixado. Nos termos da Lei nº 9.784/1999 e independentemente da responsabilização cabível

  A) apenas na segunda hipótese, o processo poderá ter prosseguimento e ser decidido com sua dispensa

  B) em ambas as hipóteses, os processos não terão seguimento até que os pareceres sejam apresentados

  C) apenas na segunda hipótese, o processo poderá ter prosseguimento, mas a decisão só será possível após a apresentação do parecer

  D) em ambas as hipóteses, os processos poderão ter prosseguimento; no entanto, apenas no segundo caso, poderá ser decidido com sua dispensa

E) em ambas as hipóteses, os processos terão seguimento normalmente, independentemente do momento da apresentação dos pareceres

Resposta: a (art. 42, §§ 1º e 2º).

- **(CESPE/TJDFT/ANALISTA JUDICIÁRIO – ÁREA ADMINISTRATIVA/2008)** Se, para a prática de determinado ato, for obrigatória e vinculante a emissão de um parecer pelo órgão consultivo, a sua não apresentação, dentro do prazo legal, não impedirá o seguimento do processo. Nessa hipótese, haverá apenas a responsabilização de quem se omitiu.

  Resposta: errado.

Art. 43. Quando por disposição de ato normativo devam ser previamente obtidos laudos técnicos de órgãos administrativos e estes não cumprirem o encargo no prazo assinalado, o órgão responsável pela instrução deverá solicitar laudo técnico de outro órgão dotado de qualificação e capacidade técnica equivalentes.

Art. 44. Encerrada a instrução, o **interessado** terá o direito de **manifestar-se no prazo máximo de dez dias,** salvo se outro prazo for legalmente fixado.

1. **Manifestação do interessado:** embora se manifeste quando da produção de cada prova individualmente, também assiste ao interessado o direito de se pronunciar sobre todo o *conjunto probatório*. Por isso, após o término da instrução, deve ser aberto prazo para que o interessado se manifeste, no legítimo exercício do direito constitucional ao contraditório e, conforme o caso, à ampla defesa. O prazo para essa manifestação será de *no máximo* dez dias, a não ser que outro prazo esteja previsto na lei. Obviamente, se o interessado não se manifestar nesse prazo, o processo continuará sem a manifestação.

Art. 45. Em caso de **risco iminente,** a Administração Pública poderá motivadamente adotar **providências acauteladoras** sem a prévia manifestação do interessado.

1. **Medidas de urgência:** a regra é que a Administração só pode adotar uma providência se antes ouvir o interessado. Nos casos de risco iminente, de perigo prestes a acontecer (dano irreparável ou de difícil reparação), a Administração pode adotar medidas cautelares sem ouvir o interessado. Ressalte-se, ademais, a excepcionalidade dessas medidas. Destaque-se, também, que não se trata de tolher o direito do interessado à ampla defesa e contraditório; apenas se excepciona o exercício prévio de tal direito, que será efetivado em momento posterior à medida cautelar.

A essa situação, dá-se o nome de **contraditório diferido ou postergado**.

→ **Aplicação em concurso:**

- **(FCC/Procon-MA/Fiscal/2017)** Em regular diligência de vistoria, a equipe municipal do setor de saúde pública verificou, em uma grande fábrica de laticínios, que estavam sendo utilizados insumos de origem animal armazenados sem observância das regras sanitárias, alguns deles acondicionados por tempo superior ao permitido. Considerando as condições em que operava a produção da fábrica, a fim de obstar as irregularidades encontradas e sem prejuízo de outras providências cabíveis, os agentes públicos da equipe de fiscalização, considerando os poderes inerentes à Administração Pública,

  A) podem providenciar somente representação criminal contra a diretoria da empresa, diante das supostas condutas ilícitas praticadas no estabelecimento industrial.

  B) devem promover o fechamento do estabelecimento comercial, além da cassação das licenças de funcionamento expedidas, cabendo aos interessados reiniciar o procedimento de autorização para instalação e funcionamento da produção industrial, no bojo do qual deverão demonstrar o atendimento às posturas sanitárias.

  C) devem interditar o estabelecimento industrial, lavrando o respectivo auto, a fim de impedir a continuidade de produção de alimentos que ofereçam riscos à saúde, observando-se, na sequência, o contraditório e a ampla defesa da empresa produtora no processo administrativo instaurado.

  D) podem lavrar auto de infração e imposição de multa, notificando a empresa produtora para, em determinado prazo, coibir a conduta que está em desacordo com as normas sanitárias, sob pena de apreensão das mercadorias e início de processo para cassação das licenças de funcionamento.

  E) se houver expressa previsão na legislação sanitária, podem apreender os alimentos produzidos e interditar o estabelecimento, caso contrário a providência de urgência deve se limitar a imposição de multa e notificação para interrupção da prática adotada na linha de produção, sob pena, inclusive, de responsabilidade criminal.

  Resposta: alternativa c.

Art. 46. Os **interessados** têm **direito à vista do processo** e a **obter certidões ou cópias** reprográficas dos dados e documentos que o integram, **ressalvados os dados e documentos de terceiros protegidos por sigilo ou pelo direito à privacidade, à honra e à imagem.**

1. **Publicidade dos atos processuais e direito dos interessados:** os atos do processo administrativo são, via de regra, públicos e acessíveis ao

público (princípio da publicidade: art. 2º). Como forma de implementação desse princípio, a lei prevê que os interessados têm direito: A) à vista do processo (vista na repartição, bem entendido, e não direito à carga dos autos – não pode o interessado levar os autos para casa); B) à obtenção de certidões; C) à obtenção de cópias autenticadas dos documentos constantes do processo (autenticação que pode ser feita pelos próprios servidores, nos termos do art. 22, § 3º).

2. **Ressalvas à publicidade:** como já se disse, o princípio da publicidade admite exceções, quais sejam: A) hipóteses de segurança do Estado (interesse público); e B) documentos ou dados relativos a terceiros, se protegidos por sigilo (bancário, fiscal, etc.) ou relativos à intimidade, privacidade, honra ou imagem de terceiros.

   CUIDADO! O interessado tem direito a ter acesso aos documentos do processo administrativo, **mesmo que o processo seja sigiloso**. Apenas não terá acesso aos documentos **sigilosos de terceiros**. Aos documentos sigilosos que digam respeito à sua própria pessoa, o interessado possui pleno acesso.

Art. 47. O órgão de instrução que não for competente para emitir a decisão final elaborará **relatório** indicando o pedido inicial, o conteúdo das fases do procedimento e formulará **proposta de decisão**, objetivamente justificada, encaminhando o processo à **autoridade competente**.

1. **Término da instrução:** após os atos de instrução e a oitiva dos interessados, nos termos do art. 44, a autoridade que conduziu a instrução deverá decidir o processo, na forma prevista nos arts. 48 e 49. Se, porém, não for competente para decidir o processo, deverá encaminhar o processo à autoridade competente. Antes do encaminhamento, deverá elaborar relatório conclusivo, em que indicará: A) o pedido inicial; B) o conteúdo das fases do procedimento (breve resumo da instrução); e C) proposta de decisão com uma justificativa objetiva e adequada.

CAPÍTULO XI
DO DEVER DE DECIDIR

Art. 48. A Administração tem o **dever de explicitamente emitir decisão** nos **processos administrativos** e sobre **solicitações ou reclamações**, em matéria de sua competência.

1. **Dever de decidir:** a Administração tem o *dever* de decidir o processo administrativo, sempre que para tanto tiver competência. Extingue-se,

assim, a velha e absurda prática da Administração de não se pronunciar acerca de processos administrativos, sem emitir qualquer decisão. Assim, se for competência da Administração, ela tem o dever de explicitamente decidir o processo, seja para dar provimento ao pedido do interessado, seja para denegá-lo. O importante é perceber que a Administração tem o inescusável dever de se pronunciar acerca do mérito do processo.

→ **Aplicação em concurso:**

- **(Cespe/TRE-BA/Técnico/2017)** A administração pública tem o dever de emitir decisão nos processos administrativos, mas não está obrigada a se manifestar sobre as reclamações dos administrados.

  Resposta: item incorreto.

- **(ESAF/PFN/2007)** A Administração pode, a critério de sua conveniência e discricionariedade, deixar de emitir explicitamente decisão nas reclamações, em matéria de sua competência.

  Resposta: Errado.

Art. 49. Concluída a instrução de processo administrativo, a Administração tem o prazo de **até trinta dias para decidir**, salvo **prorrogação por igual período** expressamente motivada.

1. **Prazo para a decisão:** é de trinta dias, prorrogáveis por mais trinta (desde que a decisão de prorrogação seja feita em decisão expressamente motivada). O prazo para a decisão – algo extremamente relevante no sistema da LPA – conta-se a partir do encerramento da instrução ou do encaminhamento do processo à autoridade decisora, conforme o caso.
2. **Silêncio da Administração Pública:** o silêncio da administração pública, EM REGRA, não é considerado manifestação de vontade. Assim, sendo omissa a administração no prazo fixado em lei para decidir não pode, em regra, ser considerado deferimento ou indeferimento do pedido formulado.

   → **Jurisprudência do STJ:**

   > O STJ entende que o prazo do art. 49 é impróprio. Ou seja: a decisão prolatada fora do prazo não é nula, nem acarreta, por si só, a aplicação de penalidade ao agente público responsável por ela. STJ, Segunda Turma, AgRg no REsp nº 588.898/RJ, Relator Ministro Mauro Campbell Marques, DJe de 06.02.2015.

   → **Aplicação em concurso:**

   - **(Cespe/Prefeitura de Fortaleza-CE/Procurador do Município/2017)** A prefeitura de determinado município brasileiro, suscitada por particulares a se manifestar acerca da construção de um condomínio privado em área de proteção ambiental, absteve-se de emitir parecer. Nessa situação, a obra poderá ser iniciada, pois o silêncio da administração é considerado ato administrativo e produz efeitos jurídicos, independentemente de lei ou decisão judicial.

Resposta: errado

- **(CESPE/INSS/ANALISTA/2008)** Em 2007, Lúcio requereu aposentadoria por tempo de serviço perante o INSS por ter atingido a idade mínima exigida para o benefício e 35 anos de contribuição. O INSS indeferiu o requerimento porque não considerou o período trabalhado em XY Comércio Ltda., tempo de serviço reconhecido e anotado na carteira de trabalho de Lúcio por força de sentença trabalhista transitada em julgado. Ante tal indeferimento, o trabalhador solicitou ao INSS cópia do processo administrativo em que constava o indeferimento ou certidão circunstanciada de inteiro teor do processo, mas o servidor que o atendeu recusou-se a lhe fornecer a documentação solicitada. Considerando essa situação hipotética, julgue os seguintes itens.

  Na situação descrita, Lúcio poderia ter seu pedido de aposentadoria atendido caso não obtivesse resposta nos 30 dias subsequentes ao requerimento, pois a omissão do INSS em responder a pleito de aposentadoria em período superior a 30 dias implica o deferimento da pretensão.

  Resposta: errado.

CAPÍTULO XII
DA MOTIVAÇÃO

Art. 50. Os atos administrativos deverão ser motivados, com **indicação dos fatos e dos fundamentos jurídicos**, quando:

▶ **ATENÇÃO!!!** Este é um dos artigos mais importantes e mais cobrados da Lei nº 9.784/99! MEMORIZE-O!!!

1. **Princípio da motivação:** como já dissemos (art. 2º), todos os atos administrativos possuem um motivo, embora a *motivação* nem sempre seja obrigatória. Nos casos agora elencados, a lei exige obrigatoriamente a motivação, sob pena de nulidade. Motivação é, relembre-se, a explicitação dos motivos, ou seja, a indicação dos fatos e fundamentos jurídicos do ato.

I – **neguem, limitem ou afetem** direitos ou interesses;

1.1. Os atos que de qualquer forma atinjam direitos ou interesses dos interessados ou dos administrados em geral devem ser obrigatoriamente motivados; assim, a motivação é obrigatória nos atos que neguem, limitem ou afetem direitos ou interesses. Assim, por exemplo, o ato de indeferimento do pedido de férias do servidor, como nega um direito, deve ser obrigatoriamente motivado.

→ **Jurisprudência do STJ:**

> Qualquer ato que negue, afete ou limite direitos de administrado deve ser precedido de concreta motivação, sob pena de nulidade. Assim, é nulo ato que, sem a devida motivação, deu provimento a recurso de outros concursandos, a fim de que fosse aplicado novo teste físico, o que terminou por gerar a exclusão do candidato que foi reprovado no segundo teste. Mesmo que a falta de motivação tenha-se dado em recursos de outros candidatos, essa falta de exposição dos motivos terminou por prejudicar o candidato que foi excluído, motivo por que o ato é nulo, na forma do art. 50 da LPA. STJ, Primeira Turma, RMS nº 36.653/SC, Relator Desembargadora Federal convocada Marga Tessler, DJe de 13.02.2015.

→ **Jurisprudência do STF:**

> Na mesma linha, a jurisprudência entende que, a despeito de não possuírem direito a estabilidade, os empregados públicos (agentes das pessoas jurídicas de direito privado da administração) possuem garantia contra dispensa imotivada (STF, RE 589.998).

II – **imponham ou agravem** deveres, encargos ou sanções;

1.3. Atos que imponham deveres, ou os ampliem (aumentem), bem como os atos que imponham sanções (punições administrativas) também devem ser obrigatoriamente motivados, sob pena de serem considerados nulos. A imposição de uma suspensão a um servidor, p.ex., tem que fazer expressa referência aos fatos e fundamentos jurídicos que o justificam.

III – **decidam** processos administrativos de **concurso** ou seleção pública;

1.4. O ato que decide um processo de concurso público (seja como modalidade de licitação, seja para o provimento de cargos públicos) também deve ser expressamente motivado. Por exemplo: a decisão de um processo de seleção de um prêmio de monografias deve, por óbvio, motivar a decisão.

IV – **dispensem** ou declarem a **inexigibilidade** de **processo licitatório**;

1.5. A dispensa ou declaração de inexigibilidade de um procedimento licitatório é uma ressalva, embora legítima, a um princípio constitucional, que é a realização de licitação (CF, art. 37, XXI). Assim, para dispensar a licitação ou declará-la inexigível, é preciso expressa e adequada motivação. Nesse sentido, o art. 26, *caput*, da Lei nº 8.666/93, dispõe expressamente que a dispensa e a inexigibilidade de licitação serão "necessariamente justificadas".

V – **decidam recursos administrativos;**

1.6. A decisão de recursos administrativos deve ser motivada, até mesmo porque, se a decisão for mantida, limitará interesse do interessado; se, ao revés, reformar a antiga decisão, deve mostrar por que o fez, qual o motivo de modificar uma decisão já tomada pela Administração.

→ Aplicação em concursos:

(Cespe/TRT8/Analista Judiciário – área judiciária/2016) O ato de exoneração do servidor público ocupante de cargo em comissão e os atos administrativos que decidam recursos administrativos dispensam motivação.

Resposta: errado (a decisão de recurso administrativo deve ser necessariamente motivadas, em virtude dos incisos I e V do art. 50 da LPA).

VI – decorram de reexame de ofício;

1.7. Reexame de ofício é a revisão de uma decisão pela própria Administração, só que não por iniciativa do interessado, mas da própria Administração, por parte da autoridade que tomou a primeira decisão. A decisão que mantém a decisão primeira ou que a reforma deve ser expressamente motivada.

VII – **deixem de aplicar jurisprudência firmada** sobre a questão ou discrepem de pareceres, laudos, propostas e relatórios oficiais;

1.8. Para se aplicar jurisprudência firmada (consolidada) ou em conformidade com laudos, pareceres, propostas ou relatórios oficiais, não é imprescindível a motivação. Isso porque se entende que esses atos já contêm a motivação suficiente. Porém, para discordar desses parâmetros, a autoridade decisora deve deixar claro por que o faz – e deve fazê-lo de maneira motivada, sob pena de nulidade.

VIII – importem **anulação, revogação, suspensão ou convalidação de ato** administrativo.

1.9. Anulação, revogação, suspensão e convalidação: são atos administrativos específicos que incidem sobre a validade ou a eficácia de outros atos. Devem ser expressamente motivados, sob pena de nulidade. A definição de tais atos será estudada com minúcia nos comentários aos arts. 53 e 55.

→ **Jurisprudência:**

> *"(...) A Lei 9.784/99 é, certamente, um dos mais importantes instrumentos de controle do relacionamento entre Administração e Cidadania. Seus dispositivos trouxeram para nosso Direito Administrativo o devido processo legal. Não é exagero dizer que a Lei 9.784/99 instaurou, no Brasil, o verdadeiro Estado de Direito. III – A teor da Lei 9.784/99 (Art. 26), os atos administrativos devem ser objeto de intimação pessoal aos interessados. IV –* ***Os atos administrativos, envolvendo anulação, revogação, suspensão ou convalidação devem ser motivados de forma "explícita, clara e congruente."(L. 9.784/99, Art. 50)*** *V – A velha máxima de que a Administração pode nulificar ou revogar seus próprios atos continua verdadeira (Art. 53). Hoje, contudo,* ***o exercício de tais poderes pressupõe devido processo legal administrativo, em que se observam os princípios da legalidade, finalidade, motivação, razoabilidade, proporcionalidade, moralidade, ampla defesa, contraditório, segurança jurídica, interesse público e eficiência*** *(L. 9784/99, Art. 2º).".* STJ: 1ª Seção, MS nº 8.946/DF, Relator Ministro Humberto Gomes de Barros, DJ de 17.11.2003, p. 197.

§ 1º A motivação deve ser **explícita, clara e congruente**, podendo consistir em declaração de **concordância com fundamentos de anteriores pareceres, informações, decisões ou propostas**, que, neste caso, serão parte integrante do ato.

§ 2º Na solução de **vários assuntos da mesma natureza**, pode ser utilizado **meio mecânico que reproduza os fundamentos das decisões**, desde que não prejudique direito ou garantia dos interessados.

§ 3º A motivação das decisões de órgãos colegiados e comissões ou de decisões orais constará da respectiva ata ou de termo escrito.

2. Características da motivação: a exposição de motivos serve para permitir aos administrados conhecer os motivos que levaram a administração a praticar o ato – inclusive para controlar a legalidade, legitimidade, veracidade e finalidade do ato. A motivação é, aliás, uma das mais importantes formas de se controlar o desvio de finalidade. Ademais, lembre-se da importância da validade dos motivos alegados pela Administração, na aplicação da teoria dos motivos determinantes. Justo por isso, não basta que exista uma motivação qualquer: é necessário que ela seja clara, direta, racional (congruente) e adequada, persuasiva.

Vale destacar que a motivação somente estará plenamente satisfatória quando indicar os motivos **de fato e de direito** que levaram à prática do ato, não sendo suficiente indicar apenas um deles.

→ **Aplicação em concurso:**

- **(Cespe/STJ/Analista área administrativa/2018)** A indicação dos fundamentos jurídicos que determinaram a decisão administrativa de realizar contratação por dispensa de licitação é suficiente para satisfazer o princípio da motivação.

  Resposta: item incorreto. É necessário também indicar os pressupostos de fato que fundamentaram a decisão administrativa.

- **(Cespe/PGM Manaus/Procurador/2018)** A indicação das circunstâncias fáticas supre a exigência de motivação do ato administrativo que decidir recurso administrativo.

  Resposta: item incorreto.

- **(FCC/TRT-24ª Região/Analista/2017)** Um dos critérios a serem observados nos processos administrativos regidos pela Lei no 9.784/1999 é a indicação dos pressupostos fáticos que tenham determinado a decisão, não se exigindo a indicação de pressupostos de direito, justamente pela informalidade e objetividade que vigora em tais processos administrativos.

  Resposta: item incorreto.

Destaque-se, também, que a mentira da administração (falsidade da motivação apresentada) implica vício de motivo do ato administrativo, **ainda que não fosse necessário motivar o ato**. Ainda que tenha a prerrogativa de não motivar um ato, a administração jamais terá o direito de mentir. Tal raciocínio é decorrência direta da teoria dos motivos determinantes.

→ **Aplicação em concurso:**

- (FCC/Coopergás-PE/Auxiliar administrativo/2016) Afrânio, Prefeito de determinado Município do Estado de Pernambuco, exonerou ad nutum Onofre, servidor ocupante de cargo em comissão, sob o fundamento de que o aludido cargo seria extinto por não ser mais necessário às finalidades da municipalidade. Ocorre que o citado cargo não foi extinto e, passados cinco dias da exoneração de Onofre, o Prefeito nomeou outro servidor para o mesmo cargo. No caso narrado, o ato de exoneração

  A) deve ser revogado por vício de finalidade.

  B) pode ser convalidado.

  C) apresenta vício de objeto e, portanto, é nulo.

  D) apresenta vício de motivo, aplicando-se a teoria dos motivos determinantes.

  E) é ato discricionário, ou seja, movido por razões de conveniência e oportunidade, razão pela qual, não comporta anulação.

  Resposta: alternativa d

3. **Motivação e adoção de motivos predeterminados:** como já dissemos, é possível adotar as posições anteriormente adotadas, por meio de jurisprudência firmada, laudos, pareceres, etc., por meio de simples referência a elas (é o que se denomina de **motivação *aliunde* ou *per relationem***). Nesses casos, não é necessário repetir os mesmos motivos já expostos. Todavia, para discordar desses parâmetros, é preciso motivar a discrepância.

→ **Jurisprudência:**

> "MANDADO DE SEGURANÇA – MEDIDA LIMINAR INDEFERIDA – DECISÃO FUNDAMENTADA – MOTIVAÇÃO "PER RELATIONEM" – COMPATIBILIDADE DESSA TÉCNICA DE FUNDAMENTAÇÃO COM O ORDENAMENTO CONSTITUCIONAL (CF, ART. 93, IX)
>
> (...) Revela-se legítima, e plenamente compatível com a exigência imposta pelo art. 93, inciso IX, da Constituição da República, a utilização, por magistrados, da técnica da motivação "per relationem", que se caracteriza pela remissão que o ato judicial expressamente faz a outras manifestações ou peças processuais existentes nos autos, mesmo as produzidas pelas partes, pelo Ministério Público ou por autoridades públicas, cujo teor indique os fundamentos de fato e/ou de direito que justifiquem a decisão emanada do Poder Judiciário. Precedentes" (STF, Pleno, MS 25.936-ED/DF, Relator Ministro Celso de Mello, DJe de 18.09.2009).

→ **Aplicação em concurso:**

- **(Cespe/TRE-BA/Técnico/2017)** A administração pública tem o dever de motivar suas decisões de forma explícita, clara e congruente, não podendo fazê-lo mediante simples declaração de concordância com fundamentos de pareceres anteriores.

  Resposta: item incorreto.

- **(Cespe/TRT-7/Analista – área judiciária/2017)** Ao cabo de procedimento administrativo disciplinar, a autoridade responsável por decidir aplicou a pena de demissão e remeteu a motivação da decisão ao parecer do departamento jurídico do órgão.

  Nessa situação hipotética, a decisão é

  A) válida, porém ineficaz, até que a falta de motivação seja suprida.

  B) válida, visto que, tendo a motivação sido declarada no parecer, não há necessidade de repeti-la na decisão.

  C) nula, por falta de motivação.

  D) inexistente, por ausência de motivação, obrigatória para a aplicação de penalidade a servidor.

  Resposta: alternativa b

- **(Cespe/TJ-CE/Juiz/2018)** A adoção da chamada fundamentação *per relationem* em atos administrativos viola o princípio da motivação.

  Resposta: item incorreto.

4. **Repetição dos motivos:** se for necessário, pode a Administração utilizar meios mecânicos para reproduzir fundamentações, desde que para isso não deixe de analisar o caso concreto, inclusive as alegações dos interessados.

   → **Aplicação em concurso:**

   - **(FCC/TRE-PR/Analista área judiciária/2017)** é vedada a utilização de meio mecânico que reproduza os fundamentos das decisões no caso de solução de vários assuntos da mesma natureza para evitar que sejam prejudicados direito ou garantia dos interessados.

     Resposta: item incorreto

5. **Motivação dos órgãos colegiados:** pode ser feita em ata, que (já dissemos) é o resumo dos pontos mais importantes de uma reunião. Como os debates são orais, a ata substitui a motivação – ou melhor, a ata traduz a motivação dos atos em órgãos colegiados.

   → **Aplicação em concurso:**

   - **(CESPE/AGU/2006)** A autoridade administrativa competente, ao julgar fatos apurados em um processo administrativo, não está vinculada às conclusões do parecer final que lhe é encaminhado por sua consultoria jurídica, mas, caso venha a afastar-se do sugerido, deve especificar os pontos em que o mesmo lhe parece equivocado ou inaplicável ao caso.

     Resposta: correto.

   - **(CESPE/TRT-DF/ANALISTA/2003)** Se a autoridade administrativa acolher parecer devidamente fundamentado de sua consultoria jurídica para decidir pela demissão de servidor público, com a simples aposição da expressão "de acordo", sem aprofundamento de fundamentação, o ato demissório deverá ser considerado desmotivado e, portanto, eivado de nulidade.

     Resposta: Errado.

   - **(FCC/Município de Recife/Procurador/2008)** O princípio da motivação é tido pela doutrina como princípio que rege a administração pública, ainda que não esteja mencionado no *caput* do artigo 37 da Constituição Federal. Entretanto, a necessidade de motivação das decisões administrativas está expressamente prevista no texto constitucional no que toca às decisões

     A) em processos disciplinares.

     B) dos tribunais.

     C) do Tribunal de Contas da União.

     D) vinculadas.

     E) discricionárias.

     Resposta: B (CF, art. 93, IX).

- **(PFN/ESAF/2007)** Não se aplica a Teoria dos Motivos Determinantes aos atos discricionários.

  Resposta: errado (a teoria dos motivos determinantes, segundo a qual a motivação exposta vincula a validade do ato, aplica-se a todos os atos, principalmente aos discricionários).

Ainda sobre os atos em que é necessária a motivação, e sobre a teoria dos motivos determinantes, veja essa questão:

- **(Cespe/Câmara dos Deputados/Consultor Legislativo – área de Direito Administrativo/2014)** De acordo com a Lei n.º 9.784/1999, que regula o processo administrativo federal, é desnecessária a motivação dos atos administrativos discricionários, entretanto, uma vez expressa a motivação, a validade desses atos fica vinculada aos motivos indicados como seu fundamento.

  Gabarito: correto (realmente, a motivação não é necessária nos atos discricionários só por serem discricionários, mas apenas quando a hipótese se subsuma a algumas das situações previstas no art. 50; contudo, uma vez apontados os motivos, a autoridade vincula-se à veracidade deles, o que constitui o âmago da teoria dos motivos determinantes).

CAPÍTULO XIII
DA DESISTÊNCIA E OUTROS CASOS DE EXTINÇÃO DO PROCESSO

Art. 51. O interessado poderá, mediante manifestação escrita, **desistir total ou parcialmente** do pedido formulado ou, ainda, **renunciar a direitos disponíveis.**

§ 1º Havendo **vários interessados,** a desistência ou renúncia **atinge somente quem a tenha formulado.**

§ 2º A desistência ou renúncia do interessado, conforme o caso, **não prejudica o prosseguimento do processo,** se a Administração considerar que o interesse público assim o exige.

1. **Desistência:** é o ato por meio do qual o interessado afirma não ter mais interesse no seguimento do processo, sem abrir mão do direito pleiteado. Pode ser total ou parcial. Exemplo clássico de desistência é o caso do servidor que pleiteava administrativamente uma licença e, cansado de aguardar uma decisão, desiste do processo para ingressar com uma ação judicial. Veja-se que na desistência o interessado não reconhece que não tem o direito; apenas afirma não ter mais interesse no processo administrativo. A desistência tem que ser feita por escrito, como é a regra dos atos processuais em geral.

2. **Renúncia:** é o ato por meio do qual o interessado abre mão do direito que buscava, reconhecendo que não faz jus a "ganhar" o processo. Nesse caso, o interessado não desiste apenas do processo: desiste de buscar o direito em si. Por isso, podemos dizer que a desistência é formal (instrumental: desiste-se do processo), enquanto a renúncia é material (renuncia-se ao direito em si). Obviamente, só se pode renunciar a direitos disponíveis; impossível, portanto, alguém renunciar ao direito à defesa técnica, por exemplo.
3. **Desistência/renúncia e vários interessados:** nesse caso, a desistência/denúncia não afeta os demais interessados que não houverem desistido/renunciado. Atinge apenas quem desistiu/renunciou, salvo se o objeto do processo for indivisível (pleito sobre horário de trabalho, por exemplo, que deve ser o mesmo para todos), quando nenhum efeito advirá da desistência ou renúncia.

   Admite-se, portanto, a motivação *per relationem*, em que o administrador público apenas se refere a motivos que constam de atos anteriores. Trata-se uma aplicação do princípio do informalismo, pois seria desnecessário e desarrazoado exigir do administrador que copiasse todos os motivos já expostos.
4. **Desistência/renúncia e prosseguimento do processo:** em atenção ao princípio da impulsão de ofício, o processo administrativo pode continuar mesmo que o interessado desista do processo ou renuncie ao direito pleiteado. Para isso, basta que a Administração considere que a continuidade será benéfica ao interesse público. Trata-se de aplicação do brocardo segundo o qual "quem pode o mais pode o menos": se a Administração pode até mesmo dar início ao processo, poderá também, por óbvio, continuá-lo, mesmo que o interessado desista ou renuncie.

→ **Aplicação em concurso:**

- **(Cespe/STM/Analista área administrativa/2018)** A desistência do interessado quanto a pedido formulado à administração pública impede o prosseguimento do processo.

  Resposta: item incorreto.

- **(FCC/TRT-11ª Região/Oficial de Justiça Avaliador Federal/2017)** Rúbia e Nefertite são partes interessadas em um mesmo processo administrativo de âmbito federal. Em determinado momento, Rúbia formulou, por meio de manifestação escrita, pedido de desistência total do pedido formulado. A propósito do tema e, nos termos do que preceitua a Lei no 9.784/1999, é correto afirmar que

  A) o processo administrativo será obrigatoriamente extinto.

  B) a desistência atingirá somente Rúbia.

  C) a desistência de Rúbia também poderia ser feita verbalmente, haja vista a informalidade que vigora no processo administrativo.

D) a desistência não pode ser total, devendo ser parcial, vez que apenas a Administração pública tem o poder de extinguir integralmente o feito.

E) a desistência de Rúbia somente será admissível se decorrer de fatos supervenientes, isto é, que surgiram após a instauração do processo administrativo

Resposta: alternativa b.

- **(Vunesp/TJSP/Advogado/2013)** Não poderá o interessado desistir parcialmente do pedido formulado, somente estando autorizado a renunciar integralmente ao processo.

  Gabarito: errado (a desistência, segundo o caput do art. 51, pode ser total ou parcial).

- **(Vunesp/TJSP/Advogado/2013)** O interessado poderá, mediante manifestação escrita ou verbal, renunciar a direitos disponíveis.

  Gabarito: errado (a desistência tem que ser feita por escrito; não se admite a desistência verbal).

Art. 52. O órgão competente poderá declarar extinto o processo quando **exaurida sua finalidade** ou o **objeto** da decisão se tornar **impossível, inútil** ou **prejudicado** por fato superveniente.

1. **Extinção anormal ou anômala:** a extinção normal de um processo administrativo se dá com a decisão. De maneira extraordinária, entretanto, o processo pode ser extinto: A) por desistência ou renúncia do interessado, desde que não haja interesse da Administração em dar continuidade ao procedimento; B) por exaurimento da finalidade ou inutilidade/impossibilidade do objeto. Por fim, também existe a extinção diferida, a que acontece *depois* da decisão, em virtude de recurso interposto pelo interessado. Esquematicamente, teremos:

Extinção	Extinção	Extinção
Anormal	Normal	Diferida

1.1 Exaurimento da finalidade: ocorre quando o processo já houver alcançado o fim a que se destinava. Assim, por exemplo, processo disciplinar que visa a investigar a autoria de uma falta funcional – se houver uma confissão válida, o processo já atingiu sua finalidade, podendo então ser extinto em qualquer fase em que se encontre.

1.2. Impossibilidade/inutilidade/prejudicialidade do objeto: nesses casos, o processo deve ser extinto porque o objeto (pedido) ou não é mais possível, ou é inútil, ou já se encontra prejudicado. Exemplo de pedido que se torna impossível: pedido de alvará para explorar jogo do bingo, após a proibição legal dessa atividade (o objeto já não é mais possível); exemplo de pedido inútil: pedido de aposentadoria em que, enquanto era avaliado, sobreveio a morte do interessado – nesse caso, obviamente não há mais qualquer utilidade no prosseguimento do processo; por fim, objeto prejudicado é aquele que, em virtude de fato superveniente, não tem mais como ser analisado: por exemplo, pedido de licença que já foi obtida por via de mandado de segurança – nesse caso, o pedido administrativo está prejudicado.

2. Aplicação em concurso:

- **(FGV/FISCAL DE RENDA/RIO DE JANEIRO/2009)** No que concerne à desistência e outras formas de extinção do processo administrativo no âmbito da Administração Pública Federal, é correto afirmar:

  A) O interessado poderá, mediante manifestação escrita, renunciar a direitos disponíveis e indisponíveis.

  B) O interessado poderá, mediante manifestação escrita ou oral, desistir total ou parcialmente do pedido formulado.

  C) A desistência do interessado, conforme o caso, prejudica o prosseguimento do processo, ainda que a Administração considere que o interesse público exija sua continuidade.

  D) O órgão competente não poderá declarar extinto o processo quando o objeto da decisão se tornar inútil por fato superveniente, devendo, nessa hipótese, levar o feito até seu término, com decisão de mérito.

  E) Havendo vários interessados, a desistência ou renúncia atinge somente quem a tenha formulado.

  Resposta: E (art. 51, § 1º). A alternativa A está errada porque somente pode haver renúncia, obviamente, em relação a direitos disponíveis (=renunciáveis), e não acerca de direitos indisponíveis (=irrenunciáveis). A letra B está errada porque a desistência não pode ser oral (só escrita). Já a letra C é incorreta porque a desistência não impede o prosseguimento do processo, caso haja interesse público (art. 51, § 2º). Finalmente, a alternativa D está errada porque, caso seja detectada a perda do objeto, o processo deve ser imediatamente extinto, e não ser levado até o final.

CAPÍTULO XIV
DA ANULAÇÃO, REVOGAÇÃO E CONVALIDAÇÃO

Art. 53. A Administração deve **anular** seus próprios atos, quando eivados de **vício de legalidade**, e pode **revogá-los** por motivo de **conveniência ou oportunidade**, respeitados os **direitos adquiridos**.

▶ **ATENÇÃO!!!** Este é um dos artigos mais importantes e mais cobrados da Lei nº 9.784/99! MEMORIZE-O!!!

1. O desaparecimento (retirada ou desfazimento) de um ato administrativo por vontade da Administração ou do Estado pode se dar de duas maneiras: A) revogação: retirada do ato, por motivos de conveniência e oportunidade, feita apenas pela própria Administração, com efeitos não retroativos (*ex **n**unc* – a partir de agora, Now, Nunca retroage) e com respeito aos direitos adquiridos; ou B) anulação: retirada do ato, por vício de legalidade, feita tanto pela Administração (com base no poder de autotutela) quanto pelo Judiciário e com efeitos retroativos (*ex **t**unc* – efeitos reTroativos). Essa diferença essencial e simples é extremamente relevante para quaisquer concursos públicos, ainda mais do CESPE.
2. **Súmula nº 473 do STF:** "A *administração pode anular seus próprios atos, quando eivados de vícios que os tornam ilegais, porque deles não se originam direitos; ou revogá-los, por motivo de conveniência ou oportunidade, respeitados os direitos adquiridos, e ressalvada, em todos os casos, a apreciação judicial*". Obviamente, o art. 53 da LPA teve inspiração nesse posicionamento jurisprudencial – apenas aperfeiçoou a dicção da súmula, uma vez que afirmou que a Administração *deve* anular os atos ilegais.

   2.1. Resumo das diferenças entre revogação e anulação: a anulação é a extinção do ato por defeito de legalidade, por iniciativa da Administração ou do Judiciário, com efeitos retroativos (*ex tunc*) – e, como tem a ver com legalidade, pode incidir sobre atos discricionários ou vinculados, mas geralmente é uma obrigação da Administração; por outro lado, a revogação pressupõe que o ato seja legal, mas que apenas não mais seja conveniente ou oportuno – justamente por isso, só pode atingir atos discricionários, só pode ser feita pela própria Administração e deve respeitar direitos adquiridos, operando efeitos *ex nunc*.

CARACTERÍSTICA	ANULAÇÃO	REVOGAÇÃO
Pressuposto	Vício de legalidade do ato	Inconveniência ou inoportunidade do ato (mérito)
Competência	Administração e Judiciário (Súmula STF nº 473)	Administração
Poder da Administração	**Poder-dever** de anular (vinculado): Lei nº 9.784/99, art. 53 (autotutela)	**Poder** de revogar (discricionário)

6. Podem-se elencar, ao menos, duas **exceções aos efeitos retroativos da anulação**: em primeiro lugar, a anulação de um ato administrativo deve respeitar os **direitos adquiridos por terceiros de boa-fé;** em segundo lugar, pode-se trazer como exemplo a anulação da investidura de servidor público quando verificada alguma ilegalidade: os valores pagos a ele pela administração pública em decorrência da prestação dos serviços (as verbas salariais em geral) não serão devolvidas, mesmo com a anulação da investidura, tendo em vista que a administração pública não pode enriquecer-se sem causa.

CARACTERÍSTICA	ANULAÇÃO	REVOGAÇÃO
Efeitos	Retroativos (*ex tunc*)[6]	Não retroativos (*ex nunc*)
Incidência	Atos discricionários ou vinculados	Somente atos discricionários

→ Aplicação em concurso:

- **(Cespe/ABIN/Oficial Técnico de Inteligência/2018)** Tendo tomado conhecimento de que um ato vinculado possua vício que o torne ilegal, a administração deve revogar tal ato, independentemente de determinação do Poder Judiciário.

  Resposta: item incorreto. O vício de ilegalidade deve implicar a anulação do ato.

- **(FCC/TRF-5/Analista área administrativa/2017)** Às decisões que extinguem os atos administrativos por vício de legalidade e por razões de conveniência e oportunidade, dá-se os nomes, respectivamente, de

  A) anulação e revogação, não retroagindo seus efeitos à data da edição dos atos viciados, razão pela qual ficam preservados todos os efeitos produzidos até a data da extinção.

  B) anulação e invalidação, retroagindo seus efeitos à data da edição dos atos viciados, acarretando, portanto, a desconstituição dos efeitos até então produzidos.

  C) revogação, cujos efeitos retroagem à data da edição do ato viciado, e anulação, cujos efeitos passam a ser produzidos somente quando de sua edição.

  D) anulação, cujos efeitos não retroagem à data da edição do ato anulado, e invalidação, cujos efeitos retroagem à data do ato invalidado, declarando-se, na sequência, a reconstituição da situação jurídica anterior, com a manutenção de efeitos.

  E) anulação, retroagindo, como regra, seus efeitos à data da edição do ato, com a desconstituição deste, e revogação, cujos efeitos são produzidos a partir de então.

  Resposta: alternativa e.

- **(Cespe/TRT8/Analista Judiciário – área judiciária/2016)** A revogação do ato administrativo ocorre nas hipóteses de ilegalidade, devendo retroagir com efeitos ex tunc para desconstituir as relações jurídicas criadas com base no ato revogado.

  Resposta: errado (a revogação não ocorre por razões de ilegalidade, nem tem efeitos ex tunc: essas características referem-se, na verdade, à anulação).

- **(Cespe/TCE-PE/Analista de Gestão/2017)** Na revogação, o ato é extinto por oportunidade e conveniência, ao passo que, na anulação, ele é desfeito por motivo(s) de ilegalidade.

  Resposta: item correto

- **(Cespe/ECT/Administrador/2011)** Consoante o princípio da autotutela, consagrado na Lei n.º 9.784/1999, a administração deve anular seus próprios atos de conteúdo decisório, quando eivados de vício de legalidade.

  Resposta: correto.

Art. 54. O **direito** da Administração de **anular** os atos administrativos de que decorram efeitos favoráveis para os destinatários **decai em cinco anos**, contados da data em que foram praticados, **salvo comprovada má-fé.**

§ 1º No caso de **efeitos patrimoniais contínuos,** o prazo de decadência contar-se-á da percepção do **primeiro pagamento**.

§ 2º Considera-se exercício do direito de anular qualquer medida de autoridade administrativa que importe impugnação à validade do ato.

► **ATENÇÃO!!!** Este é um dos artigos mais importantes e mais cobrados da Lei nº 9.784/99! MEMORIZE-O!!!

1. **Prazo decadencial da anulação:** mesmo nos casos em que o ato esteja eivado de vício insanável de legalidade, a Administração possui um prazo máximo para efetuar a anulação, se o ato for benéfico para terceiros: 5 anos, a não ser que o beneficiado tenha atuado de má-fé (foi ele quem deu causa ao vício, por exemplo). Assim, o ato que declarou graduado um aluno não pode ser anulado depois de cinco anos, ainda que eivado de vício insanável; se, ao revés, foi o próprio beneficiado que atuou de má-fé para obter a colação de grau, o ato poderá ser anulado a qualquer tempo (ao menos segundo o regime da LPA).

   1.1. TEMA PARA PROVAS DISCURSIVAS OU ORAIS: Fundamento constitucional da "convalidação pelo tempo" (art. 54): A finalidade da norma em comento é concretizar o princípio constitucional da segurança jurídica (CF, art. 5º, *caput* e XXXVI). Não é de hoje que a doutrina aponta a centralidade do princípio da segurança jurídica como norteador do ordenamento constitucional brasileiro. Nos Estados Unidos da América e na Alemanha, tal garantia é considerada intrínseca, respectivamente, aos princípios do devido processo legal e do estado de direito.

   Nesse contexto, não raro ocorre colisão entre o princípio da legalidade – que deve ser eternamente o norteador da atuação administrativa – e a boa-fé do administrado. Após o decurso de prazo razoável, a anulação de atos administrativos em que não houve má-fé do administrado pode significar fazer tábula rasa do direito fundamental à segurança jurídica.

   Em defesa dessa tese, podem ser invocadas as lições, por exemplo, de Miguel Reale (*Revogação e anulamento do ato administrativo*, 1980, p. 70); Almiro do Couto e Silva (*Os princípios da legalidade da administração pública e da segurança jurídica no Estado de Direito Contemporâneo, in* Revista da Procuradoria-Geral do Estado do Rio Grande do Sul, v. 18, n. 46, p. 11, 1988) e Gilmar Ferreira Mendes (*Curso de Direito Constitucional*, 2015, p. 394).

Desse último jurista, permitimo-nos transcrever breve trecho, em que afirma:

> Situações ou posições consolidadas podem assentar-se até mesmo em um quadro inicial de ilicitude.
>
> Nesse contexto assume relevância o debate sobre a anulação de atos administrativos, em decorrência de eventual ilicitude. (...) Em geral, associam-se aqui elementos de variada ordem ligados à boa-fé da pessoa afetada pela medida, a confiança depositada na inalterabilidade da situação e o decurso de tempo razoável.
>
> (...) Em verdade, a segurança jurídica, como subprincípio do Estado de Direito, assume valor ímpar no sistema jurídico, cabendo-lhe papel diferenciado na realização da própria ideia de justiça material.

O próprio Supremo Tribunal Federal já assentou que a anulação de atos administrativos após decurso de prazo razoável, excetuados os casos de má-fé do administrado, viola a segurança jurídica. Confira-se, por exemplo, o julgamento do Mandado de Segurança nº 22.357 (DJ de 05.11.2004), dentre outros.

Também o Superior Tribunal de Justiça, em acórdão que se tornou clássico, decidiu que, *na avaliação da nulidade do ato administrativo é necessário temperar a rigidez do princípio da legalidade, para que ele se coloque em harmonia com os princípios da estabilidade das relações jurídicas, da boa-fé e outros valores essenciais à perpetuação do estado de direito.* (Primeira Turma, Recurso Especial nº 6.518/RJ, DJ de 16.09.1991).

1.2. Contagem do prazo de cinco anos: faz-se a partir da data em que o ato foi praticado. Se o ato é de efeitos patrimoniais contínuos (recebimento de valores mensais, como pensão), o prazo de cinco anos é contado para cada pagamento, isoladamente.

- **(Cespe/Polícia Civil – MT/Delegado/2017)** Em março de 2017, o governo de determinado estado da Federação declarou nulo ato que, de boa-fé, havia concedido vantagem pecuniária indevida aos ocupantes de determinado cargo a partir de janeiro de 2011.

  Nessa situação hipotética,

  A) o ato de anulação do ato que havia concedido vantagem pecuniária ofendeu diretamente o princípio da proporcionalidade.

  B) o ato de anulação foi legal, pois atendeu a todos os preceitos legais e jurisprudenciais sobre a extinção dos atos administrativos.

  C) o correto seria a revogação do ato, e não a sua anulação.

D) a declaração de nulidade do ato é nula de pleno direito, pois ocorreu a decadência do direito.

E) o princípio da autotutela da administração pública protege o ato de anulação determinado pelo governo.

Resposta: item d (como o prazo decadencial iniciou-se em janeiro de 2011 – data do primeiro pagamento –, em março de 2017 já havia transcorrido o prazo decadencial, razão pela qual a anulação foi ilegal).

1.3. O STJ entende que o prazo decadencial de cinco anos só passou a existir após a edição da Lei nº 9.784/99. Logo, antes de 29.01.1999, a Administração poderia anular seus atos a qualquer tempo.

→ Jurisprudência:

STJ, Primeira Turma, AgRg no AREsp nº 26605/RJ, relator Ministro Sérgio Kukina, julgado em 08 de abril de 2014: "Esta Corte possui entendimento jurisprudencial no sentido de que não se admite a aplicação retroativa da Lei nº 9.784/99, sendo certo que o prazo decadencial, de cinco anos, somente é contado a partir da entrada em vigor do referido diploma. Precedentes."

1.4. Mesmo quanto às prestações posteriores à referida data, a decadência tem por termo inicial o pagamento de cada parcela, separadamente, na interpretação dada pelos tribunais superiores ao art. 54, § 1º, da Lei nº 9.784/99:

"Em se tratando de discussão a respeito do pagamento de gratificação devida pelo exercício de determinada atividade, de natureza *propter laborem*, a relação jurídica se mostra de trato sucessivo, pelo que o prazo decadencial para a Administração rever o ato renova-se continuamente." (STJ, 5ª Turma, RMS 21.894/RS, Relator Ministro Arnaldo Esteves Lima, DJE de 10.03.2008).

→ Jurisprudência:

O STF e o STJ entendem que, como a aposentadoria é um ato administrativo complexo (=só se perfaz quando o TCU a homologa), o prazo decadencial de 5 anos não se aplica entre a concessão provisória da aposentadoria pelo órgão e a decisão do TCU, mas sim apenas a partir da apreciação da Corte de Contas (CF, art. 71, III). Ou seja: entre a data da aposentadoria (provisória) e a decisão do TCU, podem-se passar quantos anos forem. Agora, se o TCU homologar a aposentadoria, só poderá anular sua decisão até o limite de 5 anos. Nesse sentido: STJ, Sexta Turma, AgRg no RMS 27097/DF, Relator Ministro Rogério Schietti Cruz, DJe de 02.03.2015. No STF: Primeira Turma, ED no MS nº 30.537/DF, relator Ministro Luiz Fux, DJe de 04.03.2015. Contudo, quando o TCU levar mais de cinco anos para apreciar a aposentadoria provisoriamente concedida pelo órgão de origem (5 anos a contar da data de ingresso do processo administrativo na Corte de Contas), deverá ouvir o interessado, não se aplicando a Súmula Vinculante nº 3 (STF, Segunda Turma, AgR no MS nº 29.560/MT, Relator Ministro Celso de Mello, DJe de 19.02.2015.

▶ **CUIDADO!!!** O prazo decadencial de 5 aplica-se à anulação de atos administrativos por ilegalidade, mas não por inconstitucionalidade. Inconstitucionalidade não se convalida pela passagem do tempo. Assim, o STF possui firma jurisprudência no sentido de que a delegação de serviços cartoriais sem concurso, após a CF/88, viola o art. 236, podendo ser anulado por inconstitucionalidade a qualquer tempo. Nesse sentido: STF, Segunda Turma, AgR no MS nº 27.909/DF, Relator Ministro Teori Zavascki, DJe de 10.02.2015.

1.7.1. Lembre-se de que, segundo a jurisprudência do STF, a concessão de aposentadoria é ato complexo, que só se perfaz com o registro do ato pelo TCU. Então, resumindo: a) TCU pode negar-se a registrar ato de aposentadoria concedido pelo órgão de origem, mesmo que há mais de cinco anos? Sim, pois não está anulando um ato, mas apenas negando-se a aperfeiçoá-lo (o ato ainda não estava pronto); b) TCU pode voltar atrás de uma aposentadoria já registrada pela Corte, anulando-a? Sim, mas apenas se fizer menos de cinco anos do registro (aqui, trata-se de uma verdadeira anulação de uma aposentadoria já concedida e registrada – logo, incide o art. 54 da LPA).

→ **Jurisprudência:**

> "APOSENTADORIA – PROVENTOS – REGISTRO – PRAZO DECADENCIAL – ALCANCE DO ARTIGO 54 DA LEI Nº 9.784/99. Em se tratando de ato não aperfeiçoado, descabe evocar o quinquênio referente à decadência, previsto no artigo 54 da Lei nº 9.784/99. Precedentes: Mandados de Segurança nº 24.754/DF, de minha relatoria, 24.859/DF, relator Ministro Carlos Velloso, e 24.997/DF, relator Ministro Eros Grau" (STF, 1ª Turma, MS 26.320/DF, Relator Ministro Marco Aurélio, DJe de 17.08.2011).

1.8. Anulação, decurso do tempo e princípio da proteção da confiança:

O princípio da proteção da confiança é reconhecido pela jurisprudência do STF e pela doutrina – notadamente por influência alemã – como implícito ao Estado de Direito e essencial à segurança jurídica. Com efeito, não basta respeitar o ato jurídico perfeito, a coisa julgada e o direito adquirido: a segurança jurídica não se resume a isso, abrangendo, também, a proteção genérica às situações consolidadas. Nesse contexto, deve-se respeitar a proteção das expectativas legítimas do administrado, que acredita, de boa-fé, que os atos emanados da Administração são legais e legítimos. Esse é o fundamento para o art. 54, que pondera (harmoniza) a legalidade com a segurança jurídica, em sentido amplo, e a proteção da confiança, especificamente.

1.9. A decadência administrativa (art. 54) impede a punição do agente público que praticou o ato ilegal? NÃO

O fato de se reconhecer a convalidação pelo tempo não significa justificar a conduta do agente público que tenha atuado de forma ilegal, ainda que por erro. Em outras palavras: o reconhecimento jurídico de que o ato foi convalidado pelo tempo não exclui o poder disciplinar da Administração Pública, pois são situações regidas por pressupostos distintos.

Em relação, por exemplo, a punições penais ou cíveis (como, no último caso, a por improbidade administrativa), não são atingidas pelo art. 54, uma vez que prazo de decadência para a anulação do ato (convalidação pelo tempo) não afeta o prazo prescricional de ilícitos.

Aliás, essa discussão só importa em relação aos eventuais ilícitos culposos (não intencionais) praticados pelo agente público. Isso porque, caso tenha havido má-fé (dolo) do agente, nem se poderá aplicar a convalidação (veja item seguinte).

1.10. Qual tipo de má-fé exclui a incidência do prazo decadencial de 5 anos?

A Lei prevê que o direito de a Administração Pública anular seus próprios atos decai em cinco anos, **salvo comprovada má-fé**. Não especifica a má-fé de quem (se do administrado, ou também do agente público que praticou o ato). A doutrina majoritária entende que a existência de má-fé de qualquer das partes (administrado ou administrador) impede a incidência do prazo decadencial de cinco anos: Nesse sentido, confiram-se as lições de Juarez Freitas[7], Sérgio Ferraz[8] e Raquel Melo Urbano de Carvalho, entre outros. Em sentido contrário, Luciano Ferraz defende que a má-fé justificadora da exceção ao prazo de cinco anos é apenas aquela que derivado do próprio atingido pela atuação administrativa[9].

→ **Aplicação em concursos:**

- **(Cespe/TRT8/Analista Judiciário – área judiciária/2016)** O direito da administração de anular os seus próprios atos decai em cinco anos, ainda que constatada a má-fé do destinatário do ato.

  Resposta: errado. A existência de má-fé do destinatário do ato justifica a não incidência do prazo decadencial.

---

7. FREITAS, Juarez. **Deveres de motivação, de convalidação e de anulação: deveres correlacionados e proposta harmonizadora.** *In*: Interesse Público, n. 16, out/dez. 2001, p. 43.
8. FERRAZ, Sérgio. **Extinção dos atos administrativos: algumas reflexões.** *In*: Revista de Direito Administrativo, n. 231, jan./mar. 2003, p. 47.
9. FERRAZ, Luciano. **Segurança jurídica positivada na Lei Federal nº 9.784/99.** *In*: NOHARA, Irene Patrícia, MORAES FILHO, Marco Antonio Praxedes de (orgs.). **Processo Administrativo: temas polêmicos da Lei nº 9.784/99.** São Paulo: Atlas, 2011, p. 136.

1.11. Decadência ou convalidação pelo tempo (art. 54) *versus* convalidação por decisão administrativa (art. 55): veja comentários ao art. 55

→ **Aplicação em concurso:**

- **(Cespe/STF/Técnico Judiciário/2008)** O prazo decadencial de 5 anos relativo à anulação de atos administrativos e previsto na lei que regula o processo administrativo no âmbito da administração pública federal deve ser aplicado aos processos de contas que tenham por objeto o exame de legalidade dos atos concessivos de aposentadorias, reformas e pensões. Assim, transcorrido esse interregno sem que o TCU tenha analisado a regularidade de uma pensão, por exemplo, a viúva deve ser convocada para participar do processo de seu interesse, desfrutando das garantias do contraditório e da ampla defesa, em que pese ser a princípio dispensável o contraditório e a ampla defesa nos processos que tramitam no TCU e que apreciem a legalidade do ato de concessão inicial de pensão.

  Resposta: correto.

- **(ESAF/Receita Federal/Analista Tributário/2009)** De acordo com o disposto na Lei n. 9.784/99, que regula o processo administrativo, no âmbito da Administração Pública Federal, a Administração deve anular seus próprios atos e pode revogá-los, sendo que

  A) a anulação prescinde de motivação.

  B) a revogação prescinde de motivação.

  C) a anulação, quando o ato estiver eivado de vício de legalidade, pode ocorrer a qualquer tempo.

  D) tanto a anulação como a revogação estão sujeitas à prescrição decenal, não havendo o que cogitar, de eventuais direitos adquiridos.

  E) a revogação, por motivo de conveniência ou oportunidade, deve respeitar os direitos adquiridos.

  Resposta: E. Tanto a letra A quanto a B estão erradas, pois anulação e revogação devem ser motivadas (não prescindem de motivação). Por outro lado, a anulação não pode ocorrer a qualquer tempo (deve respeitar o prazo máximo de cinco anos). Já a letra D está errada porque a revogação deve respeitar direitos adquiridos, e a anulação não se sujeita à prescrição decenal (dez anos), e sim à decadência quinquenal (cinco anos).

Interrupção da decadência – jurisprudência do STJ

Apesar de não haver previsão legal expressa sobre a interrupção do prazo decadencial, a jurisprudência do STJ entende que, nos termos do § 2º do art. 54, qualquer ato tendente a anular o ato administrativo já impede que se consume a decadência de cinco anos. Por exemplo: a mera instauração de processo administrativo para verificar a legalidade do pagamento de diferença de adicional de função de confiança já é considerado "exercício do direito de anular" e impede a decadência: STJ, Primeira Turma, AgRg no RMS nº 44.362/MS, Relator Ministro Benedito Gonçalves, DJe de 03.02.2015.

Art. 55. Em decisão na qual se evidencie **não acarretarem lesão ao interesse público nem prejuízo a terceiros**, os atos que apresentarem **defeitos sanáveis** poderão ser **convalidados** pela própria Administração.

▶ **ATENÇÃO!!!** Este é um dos artigos mais importantes e mais cobrados da Lei nº 9.784/99! MEMORIZE-O!!!

1. **Convalidação:** é forma de manutenção e correção de atos anuláveis (nulidade relativa ou sanável), desde que não haja lesão a terceiros nem ao interesse público. Geralmente se trata de atividade discricionária (a Administração pode, em tese, optar entre anular o ato ou convalidá-lo). Geralmente só podem ser convalidados os defeitos relativos a competência (desde que não se trate de competência exclusiva, indelegável) e forma (desde que não se trate de forma essencial/indispensável) dos atos, embora o CESPE também aceite a convalidação (correção) de motivos, sempre que o ato possa subsistir. Pode-se sintetizar, então: atos com defeito sanável (pequeno, corrigível) – podem ser anulados ou convalidados; ato com defeito insanável – deve ser anulado. Perceba-se que, enquanto a anulação é forma de extinção do ato, a convalidação é forma de manutenção dele.

- **(FCC/SEGEP-MA/Auxiliar de fiscalização/2018)** A convalidação dos atos administrativos

  A) nem sempre é possível, sendo inviável, por exemplo, quando presente vício relacionado à finalidade do ato.

  B) somente é possível quando presente vício de competência, ainda que privativa, sendo denominada, neste caso, ratificação.

  C) corresponde à confirmação do ato pela autoridade hierarquicamente superior àquela que o praticou, denominando-se homologação.

  D) depende, para sua efetivação, de recurso administrativo manejado pelo interessado ou terceiro prejudicado.

  E) somente pode ser efetivada por ato de ofício, pela própria autoridade que praticou o ato, como expressão da autotutela.

  Resposta: alternativa a (vício relacionado à finalidade do ato é insanável, não permitindo, portanto, a convalidação).

- **(FCC/PGE-TO/Procurador/2018)** Custódio Bocaiúva é Chefe de Gabinete de uma Secretaria de determinado Estado. Certo dia, em vista da ausência do Secretário Estadual, que saíra para uma reunião com o Governador, Custódio assinou o ato de nomeação de um candidato aprovado em primeiro lugar para cargo efetivo, em concurso promovido pela Secretaria Estadual. No dia seguinte, tal ato saiu publicado no Diário Oficial do Estado. Sabendo-se que a legislação estadual havia atribuído ao Secretário a competência de promover tal nomeação, permitindo que este a delegasse a outras autoridades hierarquicamente subordinadas, é correto concluir que o ato praticado é

A) válido, pois havia direito subjetivo do candidato a ser nomeado para o cargo efetivo.

B) inexistente, haja vista que não reúne os mínimos elementos que permitam seu reconhecimento como ato jurídico.

C) válido, em vista da teoria do funcionário de fato, amplamente reconhecida na doutrina administrativa.

D) inválido, pois, segundo a Constituição Federal, a nomeação de servidores é atribuição exclusiva e indelegável do Chefe do Poder Executivo, regra sujeita à observância em âmbito estadual, por conta do princípio da simetria.

E) inválido, porém sujeito à convalidação pelo Secretário de Estado, desde que não estejam presentes vícios relativos ao objeto, motivo ou finalidade do ato.

Resposta: alternativa e (houve vício de competência; todavia, como esta poderia ter sido delegada, entende-se não se tratar de competência exclusiva e, portanto, de vício sanável).

2. Interessante entendimento de José dos Santos Carvalho Filho sobre os vícios insanáveis: no caso de um ato administrativo com **objetos plúrimos**, o vício no objeto pode ser considerado sanável, **caso tenha atingido apenas parte dos resultados produzidos**. Assim, no caso de uma portaria que concede férias a 3 servidores públicos, e uma das férias vem concedida em prazo superior ao determinado em lei, poder-se-ia convalidar o ato, a despeito de se tratar de vício no objeto.

   → **Aplicação em concurso:**

   - **(FCC/DPE-SC/Defensor/2017)** É possível convalidar atos com vício no objeto, ou conteúdo, mas apenas quando se tratar de conteúdo plúrimo.

     Resposta: item correto, nos termos do entendimento supramencionado.

3. Embora parte da doutrina defenda que a Administração teria o dever de corrigir os atos com defeitos sanáveis (Celso Antônio Bandeira de Mello e Weida Zancaner, recentemente seguidos por Maria Sylvia Zanella Di Pietro), a doutrina majoritária considera que a Administração tem o poder discricionário de convalidar ou anular os atos com defeitos sanáveis. Teríamos, então:

	Defeitos sanáveis (nulidade relativa – atos anuláveis)	**Defeitos insanáveis (nulidade absoluta – atos nulos)**
Atitude da Administração	Pode anular OU convalidar o ato, de maneira discricionária	É obrigada a anular o ato (atividade vinculada)

→ **Aplicação em concurso:**

- **(Cespe/INSS/Técnico do Seguro Social/2016)** O ato praticado por agente não competente para fazê-lo poderá ser convalidado discricionariamente pela autoridade competente para sua prática, caso em que ficará sanado o vício de incompetência.

  Resposta: item correto, nos termos de doutrina majoritária.

Realmente, até mesmo a partir da própria dicção legal ("poderão ser convalidados"), é possível extrair essa conclusão. Mas não se trata de uma questão meramente literal: deve haver um mínimo de discricionariedade para que o administrador avalie o que vai mais realizar o interesse público: anular o ato, desfazendo-lhe os efeitos e evitando questionamentos futuros, ou convalidá-lo. Vale lembrar que nem sempre é fácil para o administrador distinguir quais efeitos são sanáveis ou não, de modo que deve ser resguardada, segundo a posição majoritária, a discricionariedade em convalidar o vício ou simplesmente anular o ato.

4. Interessante destacar um entendimento controverso – mas já cobrado em provas recentes – no seguinte sentido: como a convalidação somente é possível se o ato não causar prejuízo a direito de terceiros, concluir-se-ia que, se o ato já foi impugnado – se já foi objeto de impugnação -, não poderia haver a convalidação.

→ **Aplicação em concurso:**

- **(FCC/DPE-SC/Defensor/2017)** Ainda que o ato tenha sido objeto de impugnação é possível falar-se em convalidação, com o objetivo de aplicar o princípio da eficiência.

  Resposta: item incorreto.

→ **Jurisprudência:**

> STJ, Quinta Turma, RMS 24.339/TO, Relator Ministro Napoleão Nunes Maia Filho, DJE de 17.11.2008: "RECURSO EM MANDADO DE SEGURANÇA. ADMINISTRATIVO. ENQUADRAMENTO DE PROFESSORA DO ESTADO DE TOCANTINS, COM BASE EM ASCENSÃO FUNCIONAL. LEI ESTADUAL DE TOCANTINS 351/92, POSTERIORMENTE REVOGADA. NORMA INCONSTITUCIONAL. ATO PRATICADO SOB OS AUSPÍCIOS DO ENTÃO VIGENTE ESTATUTO DO MAGISTÉRIO DO ESTADO DE TOCANTINS. **PREPONDERÂNCIA DO PRINCÍPIO DA SEGURANÇA JURÍDICA E DA RAZOABILIDADE. CONVALIDAÇÃO DOS EFEITOS JURÍDICOS.** SERVIDORA QUE JÁ SE ENCONTRA APOSENTADA. RECURSO ORDINÁRIO PROVIDO. 1. **O poder-dever da Administração de invalidar seus próprios atos encontra limite temporal no princípio da segurança jurídica, pela evidente razão de que os administrados não podem ficar indefinidamente sujeitos à instabilidade originada do poder de autotutela do Estado, e na convalidação dos efeitos produzidos, quando, em razão de suas consequências jurídicas, a manutenção do ato atenderá mais ao interesse público do que sua invalidação.** 2. A infringência à legalidade por um ato administrativo, sob

o ponto de vista abstrato, sempre será prejudicial ao interesse público; por outro lado, quando analisada em face das circunstâncias do caso concreto, nem sempre sua anulação será a melhor solução. Em face da dinâmica das relações jurídicas sociais, haverá casos em que o próprio interesse da coletividade será melhor atendido com a subsistência do ato nascido de forma irregular. 3. **O poder da Administração, dest'arte, não é absoluto, de forma que a recomposição da ordem jurídica violada está condicionada primordialmente ao interesse público. O decurso do tempo ou a convalidação dos efeitos jurídicos, em certos casos, é capaz de tornar a anulação de um ato ilegal claramente prejudicial ao interesse público, finalidade precípua da atividade exercida pela Administração.** 4. O art. 54 da Lei 9.784/99 funda-se na importância da segurança jurídica no domínio do Direito Público, estipulando o prazo decadencial de 5 anos para a revisão dos atos administrativos viciosos (sejam eles nulos ou anuláveis) e permitindo, a contrario sensu, a manutenção da eficácia dos mesmos, após o transcurso do interregno quinquenal, mediante a convalidação ex ope temporis, que tem aplicação excepcional a situações típicas e extremas, assim consideradas aquelas em que avulta grave lesão a direito subjetivo, sendo o seu titular isento de responsabilidade pelo ato eivado de vício. 5. Cumprir a lei nem que o mundo pereça é uma atitude que não tem mais o abono da Ciência Jurídica, neste tempo em que o espírito da justiça se apoia nos direitos fundamentais da pessoa humana, apontando que a razoabilidade é a medida sempre preferível para se mensurar o acerto ou desacerto de uma solução jurídica. (...) 7. **A singularidade deste caso o extrema de quaisquer outros e impõe a prevalência do princípio da segurança jurídica na ponderação dos valores em questão (legalidade vs segurança), não se podendo ignorar a realidade e aplicar a norma jurídica como se incidisse em ambiente de absoluta abstratividade.** 8. Recurso Ordinário provido, para assegurar o direito de a recorrente preservar sua aposentadoria no cargo de Professor, nível IV, referência 23, do Estado do Tocantins".

5. A convalidação, por ser uma alternativa à anulação diante da presença de uma ilegalidade que pode ser corrigida, possui efeitos retroativos, *ex tunc*, assim como a anulação.

→ **Aplicação em concurso:**

- **(FCC/DPE-SC/Defensor/2017)** Há vícios que podem ser sanados e, nestes casos, a convalidação terá efeitos *ex nunc*.

  Resposta: item incorreto. A convalidação tem efeitos ex tunc (retroativos).

6. TEMA PARA PROVAS DISCURSIVAS OU ORAIS: Decadência ou convalidação pelo tempo (art. 54) *versus* convalidação por decisão administrativa (art. 55):

Há doutrinadores que evitam o usar o termo **convalidação** para se referirem à decadência prevista no art. 54 (após o decurso de cinco anos). Para esses autores (corrente minoritária), a convalidação só ocorreria quando houvesse uma decisão administrativa, isto é, nos termos do art. 55 da LPA. É posição, por exemplo, de Marcelo Caetano (Manual de Direito Administrativo, vol. 1. Coimbra: Almedina, 1997, p. 534).

Todavia, para a corrente majoritária, tanto a hipótese do art. 54 (convalidação pelo decurso do tempo) quanto a do art. 55 (convalidação por decisão administrativa) são espécies do gênero convalidação. Tanto assim, que o STJ já decidiu que "A Administração dispõe de 5 (cinco) anos para efetivamente anular o ato, sob pena de eventual situação antijurídica **convalidar-se**, como é usual no Direito." (STJ, Primeira Seção, Agravo Regimental (AgRg) no Mandado de Segurança nº 8.717/DF, Relator Ministro Francisco Falcão, DJ de 24.11.2003).

O art. 54 da Lei de Processo Administrativo Federal traz, sim, uma hipótese de convalidação do ato. Afinal, como explicar que o ato não possa mais ser anulado, mas não tenha sido convalidado? Que espécie de *tertius* seria esse? Tanto assim, que o art. 55 da Lei (o qual estabelece a convalidação de atos por vontade da Administração) aplica-se, pela lógica, apenas aos atos não atingidos pela decadência quinquenal do art. 54.

Em outras palavras, existem, na esfera federal, duas formas de convalidação de atos administrativos: uma, prevista no art. 54 da Lei nº 9.784, de 1999, quando houver o decurso de mais de cinco anos e inexistente má-fé do interessado (essa forma independe de ato ou de vontade da Administração); outra, estabelecida no art. 55 da mesma Lei, aplica-se aos atos não atingidos pela hipótese anterior, mas depende de decisão administrativa em que se evidencie não ter havido prejuízo ao interesse público.

Reconhecendo e explicando a diferença entre as espécies de convalidação (e até apontado uma terceira possibilidade, a do saneamento), Raquel Melo Urbano de Carvalho anota que:

> "A convalidação de que se trata, aqui [art. 55], não é aquela decorrente do transcurso do tempo (institutos da prescrição e da decadência), nem mesmo a que resulta de providência do particular, beneficiário do ato, e interessado na sua preservação (instituto do saneamento). Trata-se, aqui, da convalidação como atividade da Administração de sanar o vício de um comportamento seu passível de correção. (...) [no caso do art. 54], o efeito é, portanto, a convalidação pelo tempo do ato anulável e o impedimento do exercício da autotutela administrativa" (Curso de Direito Administrativo. Salvador: JusPodivm, 2009, p. 458).

Numa tabela, podemos ter uma visão melhor da comparação:

	Convalidação pelo tempo (decadência)	**Convalidação por decisão administrativa**
Previsão	Art. 54 da Lei nº 9.784, de 1999 PEC nº 48, de 2015	Art. 55 da Lei nº 9.784, de 1999

	Convalidação pelo tempo (decadência)	Convalidação por decisão administrativa
Natureza do ato	*Ex lege* (deriva diretamente da lei, por vontade do legislador)	Administrativo (depende de decisão proferida pela Administração Pública)
Fundamento	Segurança jurídica do administrado de boa-fé	Preservação de atos que podem ser aproveitados (eficiência administrativa)
Pressupostos	Decadência (passagem de mais de cinco anos) e boa-fé do interessado	Ausência de lesão ao interesse público ou de prejuízo a terceiros
Tipo de defeito que o ato pode ter	Qualquer espécie de vício jurídico (exceto inconstitucionalidade)[10]	Apenas vícios sanáveis

→ **Aplicação em concursos:**

- **(Cespe/TRT8/Analista Judiciário – área judiciária/2016)** A convalidação dos atos administrativos que apresentem defeitos sanáveis pode ser feita pela administração, desde que esses atos não acarretem lesão ao interesse público ou prejuízo a terceiros.

  Resposta: ***correto (art. 55 da LPA).***

- Procurador do Distrito Federal 2007 (Esaf)

  A redação do art. 55 impõe expressamente o dever de a Administração convalidar, *sponte propria*, os atos que apresentem defeitos sanáveis, nos quais se evidencia não acarretarem lesão ao interesse público nem prejuízo a terceiros.

  Resposta: errado.

- **(ESAF/Agência Nacional de Águas/Especialista em Recursos Hídricos/2009)** Quanto ao regime jurídico a que se submetem os atos administrativos no ordenamento brasileiro, assinale a opção incorreta.

  A) Todos os atos administrativos nulos ou anuláveis são passíveis de convalidação ou saneamento, desde que a prática do novo ato supra a falta anterior.

  B) Em virtude de sua presunção de legitimidade, até prova em contrário, presume-se que os atos administrativos foram emitidos em conformidade com a lei.

10. Cf., nesse sentido: STJ, Segunda Turma, AgRg no Recurso Especial (REsp) nº 1400398/SC, Relator Ministro Herman Benjamin, DJe de 03.02.2015.

C) A conveniência e a oportunidade da prática do ato constituem o mérito administrativo e apenas estarão passíveis de ponderação nos atos discricionários.

D) De acordo com a teoria dos motivos determinantes, a situação fática que determinou e justificou a prática de ato administrativo passa a integrar a sua validade.

E) Configura desvio de finalidade a prática de ato administrativo visando a fim diverso daquele previsto, explícita ou implicitamente, na regra de competência.

Resposta: B.

- **(ESAF/Secretaria do Tesouro Nacional/Especialista/2008)** O Diretor-Geral do Departamento de Vigilância Sanitária de uma cidade brasileira anulou o ato de concessão de licença de funcionamento de um restaurante ao constatar uma irregularidade em um dos documentos apresentados para sua obtenção, existente desde o momento em que foi apresentado. Em relação a essa situação hipotética, marque a opção correta.

A) Sendo o Diretor-Geral a autoridade competente para a concessão da licença, apenas uma autoridade superior a ele poderia tê-la anulado.

B) A invalidação da licença tem efeitos *ex nunc*, ou seja, não retroativos, em respeito aos atos já dela decorridos até então.

C) Por haver repercussão no campo de interesses individuais, a anulação da licença deve ser precedida de procedimento em que se garanta o contraditório àquele que terá modificada sua situação.

D) Ainda que o documento seja novamente apresentado, desta vez regularmente constituído, não será possível a convalidação da licença anteriormente concedida por ser absolutamente nula.

E) Tendo sido uma manifestação legítima de controle de mérito da Administração Pública, avaliados os critérios de conveniência e oportunidade, não é cabível indenização.

Resposta: C (Súmula Vinculante nº 3).

- **(FCC/PGE-MT/Procurador/2011)** A Administração constatou irregularidades em atos de concessão de benefícios salariais a determinados servidores. Nessa situação, de acordo com a Lei n° 9.784, de 29 de janeiro de 1999, que regula o processo administrativo, a Administração

A) poderá anular o ato, apenas se constatar que o servidor concorreu para a prática da ilegalidade, assegurado o contraditório e a ampla defesa.

B) não poderá anular o ato, se de tal anulação decorrer a redução dos vencimentos dos servidores.

C) deverá anular o ato, exceto se transcorrido o prazo decadencial de 5 anos.

D) poderá convalidar o ato, apenas em relação aos seus aspectos pecuniários, apurando-se a responsabilidade administrativa pelas concessões irregulares.

E) poderá revogar o ato, caso constatada a ilegalidade da concessão, a critério da autoridade competente.

Resposta: Alternativa C. A letra A está errada porque a anulação deve ser realizada em caso de ilegalidade, ainda que o interessado não tenha concorrido para o vício. A alternativa B está incorreta porque não irredutibilidade em relação a vencimentos pagos de forma ilegal. Já a letra D é errada porque se trata de defeito insanável (não convalidável), já que afetou o interesse público (causou prejuízo ao erário). Por fim, a letra E está incorreta porque não se trata de revogação, já que o ato é ilegal, mas de anulação.

CAPÍTULO XV
DO RECURSO ADMINISTRATIVO E DA REVISÃO

Art. 56. Das decisões administrativas cabe **recurso**, em face de **razões de legalidade e de mérito.**

§ 1º O recurso será **dirigido à autoridade que proferiu a decisão**, a qual, se não a **reconsiderar** no prazo de **cinco dias**, o encaminhará à autoridade superior.

§ 2º Salvo exigência legal, a interposição de recurso administrativo **independe de caução**.

§ 3º Se o recorrente alegar que a decisão administrativa contraria enunciado da súmula vinculante, caberá à autoridade prolatora da decisão impugnada, se não a reconsiderar, explicitar, antes de encaminhar o recurso à autoridade superior, as razões da aplicabilidade ou inaplicabilidade da súmula, conforme o caso. (Incluído pela Lei nº 11.417, de 2006).

▶ **ATENÇÃO!!!** Este é um dos artigos mais importantes e mais cobrados da Lei nº 9.784/99! MEMORIZE-O!!!

1. **Recorribilidade das decisões em âmbito administrativo:** em geral, todas as decisões administrativas são recorríveis, isto é, sempre cabe recurso administrativo, independentemente da apreciação judicial. Uma das poucas exceções a esse princípio é a regra do art. 57 (limitação de instâncias). Motivos que justificam a interposição de recursos são: razões de legalidade (nulidade da decisão ou do processo) ou de mérito (conteúdo da decisão: o processo foi legal, mas resultou em uma decisão injusta ou inadequada).

→ **Aplicação em concursos:**

- (TRF-2ª Região/Juiz Federal Substituto/2017) Das decisões administrativas cabe recurso, em regra, apenas nos aspectos que se referem à legalidade do decidido, e a admissibilidade de que o recurso reveja o mérito (conveniência e oportunidade) depende de explícita previsão legal, sob pena de afronta à competência dos agentes públicos, previamente definida em lei

Resposta: item incorreto.

- **(FCC/TRE-RN/Analista Judiciário – área judiciária/2011)** Das decisões administrativas cabe recurso, o qual somente poderá impugnar as razões de legalidade da decisão, isto é, não se presta para rediscussão de mérito.

  Resposta: errado.

2. **Caução (pagamento de custas do recurso, ou preparo):** normalmente, a interposição de recurso administrativo independe de caução, isto é, não é preciso pagar custas para recorrer, salvo se houver previsão em **LEI**. Porém, o STF entende que a garantia constitucional da ampla defesa IMPEDE a exigência de garantia de instância para recorrer.

   Esse entendimento foi sumulado pelo STF, constituindo a Súmula Vinculante nº 21: "É INCONSTITUCIONAL A EXIGÊNCIA DE DEPÓSITO OU ARROLAMENTO PRÉVIOS DE DINHEIRO OU BENS PARA ADMISSIBILIDADE DE RECURSO ADMINISTRATIVO."

   → **Aplicação em concursos:**

   - **(Cespe/Prefeitura de Fortaleza/Procurador do Município/2017)** Nos termos da jurisprudência do STF, caso um particular interponha recurso administrativo contra uma multa de trânsito, por se tratar do exercício do poder de polícia pela administração, a admissibilidade do recurso administrativo dependerá de depósito prévio a ser efetuado pelo administrado.

     Resposta: item incorreto, por contrariedade direta à súmula vinculante nº 21.

▶ **Observação:** tramita no Congresso Nacional Projeto de Lei de autoria do Senador Vital do Rêgo (PLS nº 447, de 2013), para revogar o § 2º do art. 56, adaptando-o ao entendimento adotado pelo STF na Súmula Vinculante nº 21. Trata-se de informação que pode ser trazida pelo candidato como complementação e aprofundamento em uma possível prova discursiva ou oral.

---

3. Trâmite do recurso: o recurso deve ser dirigido à própria autoridade que tomou a decisão (autoridade recorrida), para que esta decida, no prazo de cinco dias, se reconsidera a decisão (modificando-a) ou a mantém; no segundo caso, deverá remeter, então, o recurso à autoridade superior (que terá, por sua vez, prazo de trinta dias para decidir). Assim, por exemplo, contra decisão do chefe de seção, devemos recorrer para o chefe de Divisão; o recurso, porém, será entregue ao chefe de seção (autoridade recorrida), que terá o prazo de cinco dias para modificar a decisão ou mantê-la – nesse segundo caso, deverá encaminhar o recurso ao chefe de Divisão (autoridade julgadora).

→ **Aplicação em concursos:**

- **(Cespe/Abin/Oficial técnico de inteligência/2018)** Considerando que, tendo detectado risco iminente de prejuízo, em decorrência de suspeita de vício na concessão de verba de natureza alimentar a determinado administrado, a administração determine a suspensão de seu pagamento, julgue o próximo item, à luz do disposto na Lei n.º 9.784/1999.

  Caso o administrado deseje interpor recurso contra a suspensão do pagamento, deverá dirigir-se à própria autoridade que tenha proferido a decisão, sendo-lhe oportunizado o direito de retratação.

  Resposta: item correto.

- **(Cespe/TCE-PR/Auditor/2016)** O recurso administrativo deve ser dirigido à autoridade que proferir a decisão recorrida; se não reconsiderar a decisão, tal autoridade terá de encaminhar o recurso à autoridade que lhe for superior.

  Resposta: correto.

4. **Recurso e súmula vinculante:** a lei da súmula vinculante (Lei nº 11.417/2006, que regulamenta o art. 103-A da CF) foi, até hoje, a única modificação sofrida pela LPA. De acordo com o § 3º do art. 56, se o recurso tiver por base a aplicação ou não aplicação de súmula vinculante, a autoridade recorrida, se mantiver a decisão, está obrigada a motivar o porquê da aplicação ou não aplicação do enunciado de efeitos vinculantes, para dar conhecimento ao interessado dos motivos que levaram à manutenção da decisão recorrida. Essa motivação deve ter lugar antes mesmo de o recurso ser encaminhado à autoridade julgadora (autoridade superior).

5. **Modalidades ou espécies de recursos:**

   – **Pedido de reconsideração:** direcionado à própria autoridade decisora, ainda que em última instância. Ex: decisão tomada pelo Procurador-Geral da República: pode-se interpor pedido de reconsideração, buscando a reforma da decisão.

   – **Recurso hierárquico (recurso administrativo propriamente dito)**

   A) **Próprio:** dirige-se à autoridade hierarquicamente superior à que decidiu. Ex: recurso contra decisão do Ministro-Adjunto deve ser analisado pelo Ministro de Estado. O recurso hierárquico próprio tem fundamento no Poder Hierárquico típico da Administração. Justamente por isso, é cabível independentemente de previsão legal.

   B) **Impróprio:** dirige-se a uma autoridade que, apesar de superior, não possui poder hierárquico sobre a decisora (Ex: recurso de decisão do diretor da ANP para o Ministro das Minas e Energia – entre tais autoridades não relação hierárquica, mas mero controle finalístico). Como não se baseia propriamente em uma relação de hierarquia, só é cabível quando haja expressa previsão legal.

→ **Aplicação em concursos:**

- **(Cespe/FUB/Administrador/2013)** Nos processos administrativos que visem apurar responsabilidade do servidor público, o recurso administrativo interposto contra a decisão que lhe imponha multa pecuniária somente será conhecido se apresentado com a caução do valor atribuído pela autoridade ou com a indicação de um bem para esse fim.

  Gabarito: Errado (de acordo com a Súmula Vinculante nº 21, é inconstitucional a exigência de depósito prévio como condição de conhecimento do recurso administrativo).

- **(CESPE/AGU/2006)** Julgue os próximos itens, que tratam do recurso hierárquico e do pedido de reconsideração.

– Entre o recurso hierárquico e o pedido de reconsideração há diferença consubstanciada no fato de que, enquanto o recurso hierárquico é dirigido sempre à autoridade superior àquela de cujo ato se recorreu, o pedido de reconsideração é uma solicitação feita à autoridade que despachou no caso, com o fim de imprimir outro rumo à decisão anteriormente tomada.

  Resposta: correto.

– O recurso hierárquico impróprio é o pedido de reexame dirigido à autoridade superior àquela que produziu o ato impugnado, isto é, verifica-se dentro da mesma escala hierárquica.

  Resposta: errado.

- **(CESPE/STF/ANALISTA JUDICIÁRIO – ÁREA ADMINISTRATIVA/2008)** A garantia de instância (caução) para a interposição de todo e qualquer recurso administrativo está prevista em lei.

  Resposta: errado.

- **(CESPE/DELEGADO/POLÍCIA CIVIL/TOCANTINS/2006)** A garantia constitucional da ampla defesa afasta a exigência do depósito recursal como pressuposto de admissibilidade de recurso administrativo.

  Resposta: correto.

- **(CESPE/POLÍCIA RODOVIÁRIA FEDERAL/AGENTE/2004)** Se a autoridade administrativa aplicar a pena de demissão, o servidor público poderá utilizar-se da revisão para provocar o reexame do ato pela administração pública, o qual é uma modalidade de recurso administrativo e, consequentemente, de controle administrativo.

  Resposta: correto.

Art. 57. O recurso administrativo tramitará no **máximo por três instâncias administrativas**, salvo disposição legal diversa.

1. **Princípio da limitação de instâncias:** embora o interessado possa sempre ir ao Judiciário (CF, art. 5º, XXXV), existe, no âmbito administrativo, uma limitação de instâncias. Assim, as decisões administrativas são geralmente recorríveis (art. 56, *caput*), mas pode não haver espaço para recursos em duas hipóteses: A) a decisão já foi tomada pela autoridade máxima do órgão ou poder; ou B) o recurso já tramitou por três instâncias recursais (já houve três recursos), o que – salvo disposição legal em contrário – impede novo recurso. Assim, existem limites à recorribilidade no âmbito administrativo: 3 instâncias OU autoridade máxima. Os recursos administrativos têm um limite: não se pode recorrer além da autoridade máxima de cada poder ou por mais de três instâncias consecutivas. Ex1: da decisão tomada pela Comissão de Licitação pode-se recorrer para o Chefe da Seção de Compras (1ª Instância recursal), e, sucessivamente, para o Chefe da Divisão de Licitação (2ª Instância) e, por fim, para o Presidente da Autarquia (3ª Instância). A partir daí, já não cabe mais recurso, pois já se atingiu o limite máximo de três instâncias administrativas. Ex2: da decisão do Presidente da República impondo demissão a um servidor do Executivo não cabe mais recurso, depois de interposto pedido de reconsideração, isso porque se trata da autoridade máxima do Poder.

Art. 58. Têm **legitimidade** para interpor recurso administrativo:

I – os **titulares de direitos e interesses** que forem parte no processo;

II – aqueles cujos **direitos ou interesses** forem indiretamente **afetados pela decisão** recorrida;

III – as **organizações e associações representativas**, no tocante a **direitos e interesses coletivos**;

IV – os **cidadãos ou associações**, quanto a **direitos ou interesses difusos.**

1. **Pressupostos recursais:** são requisitos que o recurso deve cumprir para que seja analisado. São eles: direção à autoridade competente, legitimidade para recorrer e possibilidade jurídica do pedido: o pedido deduzido (exposto) no recurso deve ser juridicamente possível (não se pode pedir a condenação de um servidor a uma pena que não existe); além disso, quem interpõe o recurso deve ter algum interesse na reforma da decisão e ser autorizado por lei a recorrer (legitimidade recursal); por fim, o recurso deve ser dirigido à autoridade competente (que pode ser a própria autoridade decisora ou a que lhe é hierarquicamente superior).
2. **Legitimidade para recorrer:** o art. 58 traz o rol de pessoas que podem recorrer de uma decisão administrativa. São, basicamente, os mesmos que podem ser considerados interessados no processo (art. 9º) – embora

seja certo que, se algum deles ainda não era interessado (não havia atuado no processo), ainda assim poderá recorrer.

→ **Aplicação em concurso:**

- **(FCC/MPE-AM/Agente/2013)** Os recursos administrativos somente podem ser interpostos pelos titulares de direitos que forem parte no processo e aqueles cujos direitos ou interesses forem afetados diretamente pela decisão recorrida.

  Gabarito: errado (os titulares de direitos podem recorrer, mas não são legitimados de forma exclusiva).

Art. 59. Salvo disposição legal específica, é de **dez dias** o prazo para interposição de recurso administrativo, contado a partir da ciência ou divulgação oficial da decisão recorrida.

§ 1º Quando a lei não fixar prazo diferente, o recurso administrativo deverá ser decidido no prazo máximo de trinta dias, a partir do recebimento dos autos pelo órgão competente.

§ 2º O prazo mencionado no parágrafo anterior poderá ser prorrogado por igual período, ante justificativa explícita.

1. **Prazo para interposição (pelo interessado):** salvo disposição em contrário de lei específica, o prazo para O INTERESSADO RECORRER é de 10 dias, a partir da ciência (intimação) da decisão. ATENÇÃO: existem, em leis específicas, recursos com prazos diferenciados para a interposição: exemplo que nos interessa diretamente é o relativo a *recurso sobre assunto de servidores públicos – prazo de 30 dias* (art. 108 da Lei nº 8.112/90).

→ **Aplicação em concursos:**

- **(Cespe/Abin/Agente de inteligência/2018)** Situação hipotética: Após decisão administrativa que lhe foi desfavorável, publicada no dia 1.º/2/2017, João decidiu interpor recurso administrativo. Tendo tomado ciência do ato negativo, após busca exaustiva, João verificou que não havia disposição legal específica para a apresentação do recurso e protocolou-o no dia 2/3/2017, com o intuito de esclarecer os pontos controversos da decisão. Assertiva: Nessa situação, o lapso temporal descrito caracteriza o recurso como tempestivo, razão por que ele deverá ser conhecido.

  Resposta: item incorreto

- **(Cespe/TCE-PR/Analista Jurídico/2016)** É de trinta dias o prazo para a interposição de recurso administrativo, contado a partir da divulgação da decisão recorrida em diário oficial.

  Resposta: errado (o prazo é de dez dias).

- **(FCC/TRE-RN/Analista Judiciário – área judiciária/2011)** Salvo disposição legal específica, é de cinco dias o prazo para interposição de recurso administrativo, contado a partir da ciência ou divulgação oficial da decisão recorrida.

  Resposta: errado (o prazo para a interposição de recurso é de dez dias, e não cinco).

- **(Cespe/TRE-GO/Analista Judiciário – área administrativa/2015)** Durante a realização de escavações para a expansão de obra de metrô, de responsabilidade do governo federal, ocorreu acidente que resultou na abertura de imensa cratera em área residencial e consequente desmoronamento de um edifício com soterramento de veículos. Os particulares prejudicados pretendem formular pedidos de ressarcimento junto à administração pública. Considerando essa situação hipotética e as regras contidas na Lei n.º 9.784/1999, julgue o item que se segue.

  O prazo para a interposição de recurso administrativo contra eventual decisão denegatória dos pedidos de ressarcimento é de 15 dias, contados a partir da data da intimação do interessado.

  Resposta: errado (o prazo é de dez dias).

2. **Prazo para decisão (pela Administração):** é de 30 dias, a partir do recebimento do apelo, salvo previsão em lei específica. O prazo pode ser prorrogado por MAIS 30 dias, desde que a decisão seja motivada. Perceba-se que, se contarmos o prazo de cinco dias para que a autoridade recorrida decida sobre a manutenção ou não da decisão recorrida (art. 56), teremos que o prazo entre a interposição do recurso pelo interessado e a decisão do recurso não pode ser maior do que 35 dias (30+5), ou 65 (5+30+30), se houver prorrogação.

   → **Aplicação em concursos:**

   - **(FCC/Analista Judiciário – Área Administrativa – TRT 24ª Região/2008)** O recurso cabível das decisões administrativas, segundo a lei que regula os processos administrativos no âmbito federal, deve ser dirigido à autoridade que proferiu a decisão. Nesse caso, o prazo para interposição do recurso é de

     A) 15 dias, suas razões são de legalidade e de mérito, e a decisão superior deve ser prolatada no prazo improrrogável de 30 dias.

     B) 15 dias, igual ao prazo para reconsideração do prolator, e a decisão superior deve ser prolatada no prazo de 30 dias, prorrogável por igual período.

     C) 10 dias, suas razões são de legalidade e de mérito, e sempre depende de caução.

     D) 10 dias, suas razões são de legalidade e de mérito, e, salvo exigência legal, independe de caução.

E) 10 dias, igual ao prazo para reconsideração do prolator, e a decisão superior deve ser prolatada no prazo improrrogável de 30 dias.

Resposta: d

- Procurador do Distrito Federal 2007 (Esaf)

  Quando a lei não fixar prazos diferentes, é de 10 (dez) dias o prazo para interpor o recurso administrativo, contado da ciência da decisão ou divulgação oficial da decisão recorrida.

  Resposta: correto.

- **(FCC/TRE-AP/Analista Judiciário – área judiciária/2011)** De acordo com a Lei no 9.784/99, o recurso administrativo

  A) deverá ser interposto no prazo de quinze dias, contado a partir da ciência ou divulgação oficial da decisão recorrida, salvo disposição legal específica.

  B) será dirigido à autoridade que proferiu a decisão, a qual, se não a reconsiderar no prazo de quarenta e oito horas, o encaminhará à autoridade superior.

  C) tramitará no máximo por duas instâncias administrativas, salvo disposição legal diversa.

  D) deverá ser decidido no prazo máximo de noventa dias, a partir do recebimento dos autos pelo órgão competente, quando a lei não fixar prazo diferente.

  E) poderá ser interposto, dentre outros, por organizações e associações representativas, no tocante a direitos e interesses coletivos e por cidadãos ou associações, quanto a direitos ou interesses difusos.

  Resposta: E (art. 58, III e IV). A letra A está errada, porque o prazo para a interposição de recurso administrativo é, em regra, de dez dias, e não quinze (art. 59, caput). A alternativa B está incorreta porque o prazo para a autoridade recorrida exercer o juízo de retratação é de 5 dias, e não 48h (art. 56, § 1º). Já a letra C está errada porque o recurso pode tramitar por até três instâncias administrativas, e não apenas duas (art. 57). Por fim, a letra D está errada, pois o prazo para a decisão de recursos administrativos é, em regra, de 30 dias, e não noventa (art. 59, § 1º).

Art. 60. O recurso interpõe-se por meio de requerimento no qual o recorrente deverá expor os fundamentos do pedido de reexame, podendo juntar os documentos que julgar convenientes.

1. **Interposição de recurso:** deve ser feita por escrito, por meio de requerimento. Dele devem constar as razões de recurso (motivos pelos quais o recorrente considera que a decisão deve ser modificada – são os fundamentos do pedido) e, se assim julgar necessário o interessado, alguns documentos que auxiliem na argumentação.

Art. 61. Salvo disposição legal em contrário, **o recurso não tem efeito suspensivo.**

Parágrafo único. Havendo justo receio de prejuízo de difícil ou incerta reparação decorrente da execução, a autoridade recorrida ou a imediatamente superior poderá, de ofício ou a pedido, dar efeito suspensivo ao recurso.

1. **Efeitos dos recursos administrativos:** em regra, o recurso tem efeito apenas devolutivo (devolve-se a matéria à apreciação da Administração); em casos de fundado receio de dano irreversível ou de difícil reparação, pode-se conceder também efeito suspensivo (suspende-se a execução da decisão recorrida até a análise do mérito recursal). Exemplo: decisão que determina a demolição de uma casa. Se o interessado apresentar recurso, normalmente esse apelo não impede a demolição, pois os recursos têm, em regra, apenas efeito devolutivo. No entanto, como se trata de decisão praticamente irreversível, a autoridade pode (a pedido ou de ofício) conceder efeito suspensivo, determinando que a decisão só seja executada após a análise do recurso.
2. **Benefício comum do recurso administrativo:** na esfera administrativa não é aplicável, via de regra (salvo no caso do pedido de revisão), o princípio da proibição da reforma para pior (*ne reformatio in pejus*). Assim, o recurso interposto por um interessado pode prejudicá-lo, em virtude dos princípios da impulsão de ofício e da autotutela da administração. Essa possibilidade de a decisão do recurso beneficiar o recorrente ou prejudicá-lo é conhecida como "benefício comum" (o recurso pode beneficiar tanto o recorrente quanto a Administração).

► **CUIDADO!!!** A admissão da reformatio in pejus no processo administrativo aplica-se apenas aos recursos propriamente ditos, mas não à revisão. Essa, por expressa previsão legal (art. 64) não pode resultar em agravamento da sanção. Justamente por isso, o STJ decidiu que "é impossível o agravamento da penalidade imposta a servidor público após o encerramento do respectivo processo disciplinar, ainda que a sanção anteriormente aplicada não esteja em conformidade com a lei ou orientação normativa interna. (...) o rejulgamento do processo administrativo disciplinar para a aplicação de nova punição ao servidor caracteriza bis in idem, situação vedada na seara administrativa". MS 10.950-DF, Rel. Min. Og Fernandes, julgado em 23/5/2012.3.

→ **Jurisprudência:**

STF, Pleno, MS 24.449/DF, Relatora Ministra Ellen Gracie, DJE de 24.04.2008: "DESAPROPRIAÇÃO PARA FINS DE REFORMA AGRÁRIA. OFENSA AOS PRINCÍPIOS DO DEVIDO PROCESSO LEGAL E DA AMPLA DEFESA. INOCORRÊNCIA. 1. Recurso administrativo. Art. 61 da Lei

9.784/99. Inexistência de efeito suspensivo e de impedimento à edição do decreto expropriatório.".

→ **Aplicação em concursos:**

- **(Cespe/TCE-PB/Auditor/2018)** Pela presunção de legitimidade dos atos administrativos, o recurso administrativo, como regra, tem efeito apenas devolutivo, ainda que possa o administrador, mesmo de ofício, conceder efeito suspensivo ao ato.

  Resposta: item correto.

- **(Cespe/TCE-PR/Analista Jurídico/2016)** O recurso administrativo terá, como regra geral, efeitos devolutivo e suspensivo.

  Resposta: errado (em regra, os recursos administrativos têm apenas o efeito devolutivo).

- **(Cespe/PC-MA/Delegado/2018)** Pedro interpôs recurso administrativo visando reverter decisão administrativa que havia determinado a interdição de estabelecimento comercial de sua propriedade, com aplicação de multa.

  Nessa situação hipotética, com base nas disposições legais concernentes aos processos administrativos,

  A) se do julgamento do recurso administrativo puder decorrer gravame à situação de Pedro, este deverá ser cientificado para apresentar nova manifestação antes da decisão.

  B) salvo disposição legal em sentido contrário, o recurso interposto por Pedro terá efeito devolutivo e suspensivo.

  C) interposto o recurso administrativo, o acesso de Pedro ao Poder Judiciário somente poderá ocorrer após o julgamento definitivo na esfera administrativa.

  D) o recolhimento do valor da multa aplicada é condição de admissibilidade do recurso administrativo.

  E) Julgado improcedente o recurso administrativo e mantidas as penalidades administrativas aplicadas, não haverá necessidade de motivação da decisão da instância superior.

  Resposta: alternativa a

- **(FCC/MPE-AM/Agente/2013)** O recurso, salvo disposição legal em contrário, possui efeito suspensivo.

  Gabarito: errado (a regra geral é que o recurso não possui efeito suspensivo, salvo se houver específica previsão legal, ou se o efeito for concedido pela autoridade administrativa).

- Procurador do Distrito Federal 2007 (Esaf)

  Salvo disposição em contrário, os recursos administrativos não terão efeito suspensivo.

  Resposta: correto.

- **(FCC/TRE-RN/Analista Judiciário – área judiciária/2011)** havendo justo receio de prejuízo de difícil ou incerta reparação decorrente da execução, a autoridade recorrida ou a imediatamente superior poderá, de ofício ou a pedido, dar efeito suspensivo ao recurso.

  Resposta: correto.

- Analista Judiciário/Área Administrativa/Supremo Tribunal Federal 2008 (Cespe)

  Nos processos administrativos, em decorrência do princípio da verdade material, existe a possibilidade de ocorrer a *reformatio in pejus*.

  Resposta: correto.

- **(Cespe/CNPq/Analista/2011)** Considerando a Lei n.º 9.784/1999, que trata do processo administrativo em geral, julgue os itens que se seguem.

  Em concordância com o princípio da vedação da reformatio in pejus, a decisão proferida por autoridade competente, em sede de recurso administrativo hierárquico, não pode prejudicar a situação do recorrente.

  Resposta: errado (art. 64, parágrafo único).

- **(CESPE/TJ-PI/Juiz/2007)** O princípio do processo judicial que veda a reformatio in pejus não se aplica ao processo administrativo.

  Resposta: correto.

Art. 62. Interposto o recurso, o órgão competente para dele conhecer deverá intimar os demais interessados para que, no prazo de cinco dias úteis, apresentem alegações.

1. **Intimação dos demais interessados:** se houver mais de um interessado no processo e só um (ou alguns) tenha recorrido, a autoridade julgadora deverá, antes de analisar o mérito do apelo, abrir prazo de cinco dias ÚTEIS (contados da intimação) para que os demais interessados apresentem, se quiserem, alegações, concordando ou discordando do recurso interposto.

   → **Aplicação em concursos:**

   - (FCC/TRE-RN/Analista Judiciário – área judiciária/2011) Interposto o recurso, o órgão competente para dele conhecer deverá intimar os demais interessados para que, no prazo de quinze dias úteis, apresentem alegações.

     Resposta: errado. O prazo para que os interessados apresentem razões é de cinco dias úteis, e não quinze.

Art. 63. O recurso **não será conhecido** quando interposto:

I – **fora do prazo;**

II – perante órgão **incompetente;**

III – por quem não seja **legitimado;**

IV – após **exaurida** a esfera administrativa.

§ 1º Na hipótese do **inciso II**, será **indicada ao recorrente a autoridade competente, sendo-lhe devolvido o prazo para recurso.**

§ 2º O não conhecimento do recurso não impede a Administração de rever de ofício o ato ilegal, desde que não ocorrida preclusão administrativa.

1. **Casos de não conhecimento do recurso:** o recurso administrativo não deve ser conhecido (analisado) quando não cumpra os pressupostos recursais já apontados no art. 58, além da tempestividade (interposição dentro do prazo a que se refere o art. 59). Assim, o recurso intempestivo (apresentado fora do prazo) ou direcionado à autoridade que não é a competente para decidi-lo, ou interposto por que não possui legitimidade recursal (ou seja, não é uma das pessoas referidas no art. 58) ou ainda quando exaurida a esfera administrativa (isto é, quando o recurso já alcançou os limites do art. 57) não deve sequer ser analisado (conhecido). É certo, todavia, que – ante os princípios da autotutela e da impulsão de ofício, mesmo que o recurso não possa ser conhecido, nada impede que a Administração reveja de ofício o ato, sempre que ele seja ilegal (art. 53). Essa possibilidade só não existirá se tiver havido decadência do direito de anular ou preclusão.
2. **Preclusão:** é a impossibilidade de se alegar determinado fato por perda do momento oportuno para agir. O processo é uma marcha, isto é, um conjunto de atos sequenciados (procedimento) desenvolvidos sob o crivo do contraditório. Por isso, não se pode alegar nulidade da intimação para formular quesitos para prova pericial depois de apresentar as questões (preclusão lógica); nem a nulidade da intimação apenas quando da interposição de recurso (preclusão temporal); ou, ainda, alegar a desnecessidade de audiência pública depois de já realizada (preclusão consumativa).

→ **Aplicação em concursos:**

- **(Cespe/TRE-BA/Analista área judiciária/2017)** Em caso de recurso administrativo interposto perante autoridade incompetente, a legislação prevê que

  A) o recurso seja remetido à autoridade competente.

  B) a autoridade competente seja indicada ao recorrente, sendo-lhe devolvido o prazo para recurso.

  C) o seguimento do recurso seja negado.

  D) o recurso seja conhecido, embora deva ser desprovido.

  E) o processo administrativo correspondente seja arquivado.

  Resposta: alternativa b

- **(FCC/TRE-RN/Analista Judiciário – área judiciária/2011)** o não conhecimento do recurso administrativo não impede a Administração de rever de ofício o ato ilegal, ainda que ocorrida preclusão administrativa.

  Resposta: errado. Se já ocorrida a preclusão, não há mais como o ato ser revisto, nem mesmo por iniciativa da própria Administração (art. 63, § 2º).

- **(FCC/TRT1/Técnico Judiciário – área administrativa/2013)** Em processo administrativo, tendo por objeto reconhecimento de pretensão de administrado em face de órgão da Administração pública federal, foi proferida decisão negando o pleito. O interessado apresentou recurso, tempestivamente, porém o fez perante autoridade incompetente. De acordo com as disposições da Lei no 9.784/99, o recurso

  A) deverá ser recebido e conhecido, em face do princípio da economia processual.

  B) não poderá ser recebido, vedada a possibilidade de a Administração rever o ato de ofício, ainda que não operada a preclusão administrativa.

  C) deverá ser recebido, porém não conhecido, cabendo à autoridade à qual o mesmo foi endereçado encaminhá-lo à autoridade competente para seu julgamento.

  D) não será conhecido, salvo se a Administração considerar que as razões de fato e de direito são suficientes para justificar a modificação da decisão.

  E) não será conhecido, sendo indicado ao recorrente a autoridade competente e devolvido o prazo para apresentar o recurso.

  Gabarito: E (se o recurso é interposto perante a autoridade incompetente, não poderá ser conhecido: art. 63, II; contudo, caberá a quem receber o recurso indicar qual é essa autoridade competente para conhecer do recurso, sendo certo que o prazo será devolvido, isto é, terá a contagem reiniciada: art. 63, § 1º).

- **(FCC/MPE-AM/Agente/2013)** O recurso interposto fora do prazo, poderá ser conhecido a critério da autoridade competente.

  Gabarito: errado (o recurso intempestivo não pode ser conhecido; isso não impede a administração de rever de ofício o ato, mas isso não significa conhecer do recurso).

- **(FCC/MPE-AM/Agente/2013)** O não conhecimento do recurso não impede a Administração de rever de ofício o ato ilegal, desde que não ocorrida a preclusão administrativa.

  Gabarito: correto (cópia do § 2º do art. 63).

- (Cespe/TER-GO/Analista Judiciário – área judiciária/2015) Conforme expressa disposição da Lei n.º 9.784/1999, se ocorrer equivocada interposição de recurso administrativo perante autoridade incompetente, será indicada ao recorrente a autoridade competente e devolvido o prazo recursal.

  Gabarito: correto (art. 63, II, c/c parágrafo único).

- **(Cespe/TCE-PR/Analista Jurídico/2016)** O recurso não será conhecido quando interposto em órgão incompetente, mas, nesse caso, terá de ser indicada ao recorrente a autoridade competente, sendo-lhe devolvido o prazo para recurso.

  Resposta: correto (ver comentários à questão anterior).

Art. 64. O órgão competente para decidir o recurso poderá confirmar, modificar, anular ou revogar, total ou parcialmente, a decisão recorrida, se a matéria for de sua competência.

Parágrafo único. Se da aplicação do disposto neste artigo puder decorrer **gravame à situação do recorrente**, este deverá ser **cientificado** para que formule suas **alegações antes da decisão**.

→ Aplicação em concurso:

- **(Cespe/TCE-PB/Auditor/2018)** Um servidor público do estado da Paraíba interpôs recurso administrativo contra a pontuação que lhe foi atribuída em concurso de remoção interna da instituição pública na qual ele é lotado.

  Acerca dessa situação hipotética e de aspectos gerais relacionados à interposição de recurso administrativo por servidor da administração pública, julgue os itens a seguir.

  I. Na hipótese considerada, será vedado à administração, pelo princípio da non reformatio in pejus, rever a pontuação do candidato para piorá-la, mesmo que tal alteração observe estritamente as regras do concurso.

  II. Pela presunção de legitimidade dos atos administrativos, o recurso administrativo, como regra, tem efeito apenas devolutivo, ainda que possa o administrador, mesmo de ofício, conceder efeito suspensivo ao ato.

  III. O informalismo do processo administrativo permite que o recurso seja interposto de forma diversa da petição escrita, desde que ele seja devidamente protocolado na repartição administrativa competente.

  IV. Na situação considerada, mesmo que o edital do concurso não o previsse expressamente, o servidor teria o direito de protocolar o recurso em razão do direito constitucional de petição.

  Estão certos apenas os itens

  A) I e II.

  B) I e III.

  C) II e IV.

  D) I, III e IV.

  E) II, III e IV.

  Resposta: alternativa c

- **(Cespe/Abin/Oficial técnico de inteligência/2018)** Interposto o recurso administrativo pelo interessado, poderá ocorrer a reformatio in pejus (reforma para piorar), desde que ele seja cientificado para apresentar suas alegações antes da decisão.

  Resposta: item correto.

- **(TRF-2ª Região/Juiz Federal Substituto/2017)** No recurso administrativo, a reformatio in pejus é inconstitucional, por violar o princípio da especialidade e da segregação das funções

  Resposta: item incorreto.

- **(FCC/MPE-AM/Agente/2013)** O órgão competente para conhecer do recurso poderá modificar a decisão, vedada a modificação que possa importar gravame à situação do recorrente.

  Gabarito: errado (admite-se a modificação inclusive para pior – reformatio in pejus).

Art. 64-A. Se o recorrente alegar violação de enunciado da **súmula vinculante**, o órgão competente para decidir o recurso explicitará as razões da aplicabilidade ou inaplicabilidade da súmula, conforme o caso. (Incluído pela Lei nº 11.417, de 2006).

Art. 64-B. Acolhida pelo Supremo Tribunal Federal a reclamação fundada em violação de enunciado da súmula vinculante, dar-se-á ciência à autoridade prolatora e ao órgão competente para o julgamento do recurso, que deverão adequar as futuras decisões administrativas em casos semelhantes, sob pena de responsabilização pessoal nas esferas cível, administrativa e penal. (Incluído pela Lei nº 11.417, de 2006).

Art. 65. Os **processos administrativos de que resultem sanções** poderão ser **revistos, a qualquer tempo, a pedido ou de ofício,** quando surgirem **fatos novos ou circunstâncias relevantes** suscetíveis de justificar a inadequação da sanção aplicada.

Parágrafo único. Da revisão do processo **não poderá resultar agravamento da sanção.**

1. **Revisão:** A revisão é uma forma de controle interno da Administração, para evitar que o servidor seja punido injustamente. Justamente por isso, só é cabível para abrandar a decisão punitiva ou para desconstituí-la, buscando a declaração de inocência. Tanto assim é que da revisão não pode resultar agravamento da sanção aplicada. Não existe revisão *pro societate*, mesmo que surjam fatos novos atestando a culpa do servidor anteriormente inocentado. Nesse caso, a questão poderá novamente ser discutida no âmbito disciplinar (já que a decisão administrativa faz coisa "julgada" apenas formal), mas não em sede de revisão: será necessário instaurar novo PAD.

2. **É cabível, a qualquer tempo, desde que:** a) tenha havido imposição de sanção (qualquer que seja) ao servidor; b) sejam aduzidos (alegados) *fatos novos*, capazes de provar a inocência do acusado ou a inadequação da penalidade aplicada. A lei fala em revisão *do processo disciplinar* – que aqui deve ser entendido em sentido amplo (sindicância e PAD), de forma que, sempre que tenha havido alguma punição, será possível a revisão (se houver fatos novos, claro).

3. **O processo revisional pode ser desencadeado a pedido do servidor punido; ou pelo seu curador, em caso de incapacidade mental; ou, ainda, por qualquer pessoa da família, caso o servidor já tenha falecido ou se encontre ausente (CC, art. 22 e ss.) ou desaparecido. Porém, a lei também prevê que a revisão possa ser desencadeada de ofício, por iniciativa da própria Administração.** Isso decorre dos princípios da impulsão de ofício do processo administrativo (LPA, art. 2º, parágrafo único, XII) e da autotutela da Administração, que pode (e deve) anular seus atos quando eivados de ilegalidade (Lei de Processo Administrativo – Lei nº 9.784/99, art. 53, e Súmula 473 do STF). Assim, existem duas modalidades de processo revisional: a pedido e de ofício.

4. **Por meio do pedido de revisão, a sanção de demissão poder ser reexaminada pela Administração a pedido do servidor punido** (se ele trouxer fatos novos que justifiquem sua inocência ou a aplicação de penalidade mais branda); trata-se, portanto, de mecanismo de um autocontrole (controle interno) dos atos da Administração (controle administrativo). Justamente por isso, doutrina e jurisprudência majoritárias consideram a revisão um verdadeiro recurso administrativo, como afirma a questão. Aliás, sabe-se que os recursos administrativos são, justamente, uma forma de autocontrole da Administração.

5. **Cabimento:** em caso de surgimento de fatos novos que invalidem a decisão (semelhança com a ação rescisória do processo judicial): para maioria da doutrina, pode ser considerada uma espécie de recurso administrativo, embora não possa ser requerida ao simples fundamento de injustiça da decisão. Ex: servidor foi demitido pela prática de peculato; depois, surge uma prova nova (desconhecida na época da decisão) de que o bem nunca saiu da repartição.

6. **Início:** por provocação dos interessados ou da própria Administração, *ex officio*.

7. **Proibição da revisão prejudicial ao acusado, nos processos contenciosos** (trata-se de proibição da *reformatio in pejus* – o que configura uma exceção no processo administrativo, em que, geralmente, por decorrência dos princípios da oficialidade e da impulsão de ofício, o recurso interposto pelo interessado pode vir a prejudicá-lo).

→ **Aplicação em concursos:**

- **(Cespe/TRF-1/Técnico/2017)** Recurso e revisão, instrumentos que permitem o reexame de fatos e provas juntados no processo administrativo, se diferenciam quanto à possibilidade de agravamento da situação do processado: no julgamento do recurso, o órgão competente não agravará a situação do recorrente; na revisão, há expressa determinação legal que permite o aumento da sanção imposta

  Resposta: item incorreto.

- **(Cespe/EMAP/Nível Superior/2018)** O processo administrativo que resultar em sanção poderá ser revisto a qualquer tempo, a pedido ou de ofício, se surgirem fatos novos relevantes que justifiquem a inadequação da sanção, podendo esta ser amenizada ou agravada.

  Resposta: item incorreto. O único erro da assertiva é afirmar a possibilidade de agravamento no caso da revisão, quando, em tal instituto, é vedada a reforma para pior.

- **(Cespe/PGE-BA/Procurador/2014)** Não cabe revisão dos processos administrativos sancionatórios, após a decisão da autoridade julgadora, dada a ocorrência de coisa julgada administrativa.

  Gabarito: errado (o processo sancionatório pode ser revisto a qualquer tempo, não havendo que se falar – principalmente neste caso – em coisa julgada administrativa).

CAPÍTULO XVI
DOS PRAZOS

Art. 66. Os prazos começam a correr a partir da data da cientificação oficial, excluindo-se da contagem o dia do começo e incluindo-se o do vencimento.

§ 1º Considera-se prorrogado o prazo até o primeiro dia útil seguinte se o vencimento cair em dia em que não houver expediente ou este for encerrado antes da hora normal.

§ 2º Os prazos expressos em dias contam-se de modo contínuo.

§ 3º Os prazos fixados em meses ou anos contam-se de data a data. Se no mês do vencimento não houver o dia equivalente àquele do início do prazo, tem-se como termo o último dia do mês.

1. **Contagem dos prazos:** exclui-se o dia do início e se inclui o da contagem; se o primeiro ou o último dia cair em feriado, sábado ou domingo, prorroga-se ao dia útil seguinte (art. 66). Ex1: prazo de 10 dias a partir de 04.03.08 (terça-feira) – conta-se a partir da quarta-feira (05.03), e o prazo expira na sexta-feira dia 14.03. Ex2: prazo de 15 dias a partir de 13.06.08

(sexta-feira) – conta-se a partir da segunda-feira 16.06, pois o primeiro dia cairia no sábado – e o prazo se encerra no dia 30.06 (segunda-feira): pode-se praticar o ato até o fim do dia 30.06.

CUIDADO!!! De acordo com o novo CPC (Lei nº 13.105/15), os prazos do processo civil são contados em dias úteis, e não mais em dias corridos. **Isso não afetou, contudo, o subsistema do processo administrativo, em que a contagem de prazos faz-se de forma contínua (isto é, em dias corridos), à exceção do prazo exigido para antecedência da realização de intimação (3 dias úteis).**

2. **Prazos em dias:** não podem ser convertidos em meses, pois nem todos os meses possuem trinta dias. Assim, se o prazo é de 120 dias, deve ser contado dia a dia.
3. **Prazos em meses ou anos:** podem ser transformados um no outro e vice-versa, pois todo ano possui doze meses. Assim, o prazo de 10 meses que começa a contar no dia 29 vai cair no dia 29 do décimo mês seguinte. Se cair em fevereiro de ano não bissexto, por exemplo, o termo (dia final) NÃO será o dia 1º de março, mas o último dia útil do mês (28 de fevereiro, por exemplo).

→ **Aplicação em concursos:**

- **(Cespe/TCE-PR/Auditor/2016)** Os prazos fixados em meses ou anos contam-se de data a data. Se, no mês do vencimento, não houver o dia equivalente àquele do início do prazo, e referido mês terminar em dia útil, ter-se-á como termo final do prazo o primeiro dia útil do mês seguinte.

  Resposta: errado (de acordo com o art. 66, § 3º, não havendo dia correspondente no mês, o prazo encerra-se no último dia do mês, e não no primeiro dia útil do mês seguinte).

5. Excesso de prazo no processo administrativo e aplicação do princípio do prejuízo ("não há nulidade sem prejuízo").

Assim como ocorre no processo judicial, aplica-se ao processo administrativo o princípio da razoável duração (CF, art. 5º, LXXVIII, incluído pela EC nº 45, de 2004). Porém, assim como na esfera jurisdicional, há dificuldade em estabelecer parâmetros seguros para o que seja uma duração razoável, o que deve ser analisado à luz do caso concreto.

Porém, ao contrário do que ocorre no processo criminal – em que, a depender da situação, pode-se ter até o relaxamento da prisão, por exemplo – no processo administrativo o excesso de prazo geralmente não produz, por si só, efeitos concretos, só devendo gerar a nulidade se houver efetiva demonstração de prejuízo. Por isso, diz-se que os prazos do processo administrativo são, em regra, prazos impróprios.

Dessa forma, o STJ entendeu que: "O excesso de prazo para a conclusão do processo administrativo disciplinar não gera, por si só, qualquer nulidade no feito, desde que não haja prejuízo para o acusado. Isso porque não se configura nulidade sem prejuízo (*pas de nulité sans grief*)". RMS 33.628-PE, Rel. Min. Humberto Martins, julgado em 2/4/2013.

Art. 67. Salvo motivo de força maior devidamente comprovado, os prazos processuais não se suspendem.

1. **Suspensão:** é o fato que determina a parada na contagem do prazo, que depois volta a correr de onde parara. Difere da interrupção porque, quando se interrompe um prazo, ele deve ser zerado e recomeçado a contar. Via de regra os prazos do processo administrativo não se suspendem, a não ser em casos de força maior (desabamento, incêndio, etc.).

CAPÍTULO XVII
DAS SANÇÕES

Art. 68. As sanções, a serem aplicadas por autoridade competente, terão natureza pecuniária ou consistirão em obrigação de fazer ou de não fazer, assegurado sempre o direito de defesa.

Aplicação de sanções: obviamente, tem sempre que respeitar a ampla defesa, o contraditório e o devido processo legal.

1. **Tipos de sanções aplicáveis:** A) pecuniárias (multa, etc.); B) obrigação de fazer ou de não fazer (obrigação de retirar obstáculo à ação da Administração; de devolver um documento; obrigação de não impedir outros servidores de terem acesso à repartição, etc.).

2. **Sanções em processos administrativos e leis específicas**

   A Lei nº 9.784/99, por ser uma lei geral, não lista as possíveis sanções a serem aplicadas por meio de processos administrativos. Isso cabe, portanto, às legislações de setores específicos.

   Por conta disso, encontram-se sanções esparsas em diversas leis sobre matéria administrativa, por exemplo, na legislação relativa a servidores públicos (Lei nº 8.112/90), na Lei Orgânica do TCU (arts. 56 a 61, que preveem notadamente a pena de multa, constituindo o chamado poder sancionatório do TCU) e, especialmente, na legislação relativa a serviços públicos concedidos (setores regulados). Por conta disso, geralmente as leis que regem as agências reguladoras preveem sanções a serem aplicadas por essas entidades, mediante processos administrativos.

3. Sanções em processos administrativos e princípio da individualização da pena:

Na verdade, o Direito Administrativo Sancionador adota muitos princípios do Direito Penal, inclusive como forma de trazer mais garantia para o cidadão, de forma a evitar o abuso do poder punitivo da Administração Pública. Nesse sentido, o Superior Tribunal de Justiça (STJ) inclusive já reconheceu essa comunicação íntima entre os dois ramos do Direito[11].

Aliás, a utilização, na dosimetria de sanções administrativas, dos critérios relativos aos antecedentes e às circunstâncias atenuantes e agravantes não só não constitui novidade alguma, como inúmeras leis em matéria administrativa a eles recorrem.

Senão, confira-se, por exemplo, o art. 128 da Lei nº 8.112, de 11 de dezembro de 1990 (Regime Jurídico dos Servidores Públicos Civis da União), segundo o qual, *na aplicação das penalidades serão consideradas a natureza e a gravidade da infração cometida, os danos que dela provierem para o serviço público,* ***as circunstâncias agravantes ou atenuantes e os antecedentes funcionais*** (grifo nosso)[12].

Da mesma forma, o art. 78-D da Lei nº 10.233, de 5 de junho de 2001 (Lei da Agência Nacional de Transportes Terrestres e da Agência Nacional de Transportes Aquaviários), incluído pela Medida Provisória nº 2.217-3, de 4 de setembro de 2001, dispõe – adotando os conceitos de agravantes, atenuantes, antecedentes e reincidência – que:

> **Art. 78-D.** Na aplicação de sanções serão consideradas a natureza e a gravidade da infração, os danos dela resultantes para o serviço e para os usuários, a vantagem auferida pelo infrator, **as circunstâncias**

---

11. Cf, entre outros: STJ, Segunda Turma, Recurso Especial (REsp) nº 1.086.994/SP, Relator para o acórdão Ministro Mauro Campbell Marques, DJe de 12.03.2014.

12. Em defesa desse dispositivo, e inclusive utilizando-se do Direito Penal para interpretá-lo, confira-se a lição de Izaías Dantas Freitas: "As circunstâncias atenuantes, embora não eliminem a culpabilidade do agente, tornam sua conduta menos censurável, resultando em diminuição da pena. Consideram-se circunstâncias atenuantes o passado ilibado do servidor e outras situações específicas devidamente justificadas pela comissão processante, como a confissão espontânea da autoria do ilícito, o desconhecimento da lei, o cometimento do crime por motivo de relevante valor social ou moral, a busca em minorar as consequências do crime, etc. As circunstâncias agravantes, ao contrário, sempre prejudicam o servidor no momento da inflição da pena. São consideradas circunstâncias agravantes a reincidência, o motivo fútil ou torpe, o cometimento do crime com abuso de autoridade, entre outras, o que resulta em maior reprovação à falta cometida pelo servidor e, em consequência, na imposição de pena mais grave ou em quantidade mais elevada. O Código Penal (arts. 61 e 65) elenca várias hipóteses de circunstâncias que atenuam ou agravam a pena e pode servir de base para a comissão processante". FREITAS, Izaías Dantas. A finalidade da pena no Direito Administrativo Disciplinar. In: Revista de Informação Legislativa, Brasília, ano 36, nº 141, jan/mar.1999, p. 123 (original sem grifos).

> **agravantes e atenuantes, os antecedentes do infrator e a reincidência genérica ou específica.**
>
> *Parágrafo único.* Entende-se por reincidência específica a repetição de falta de igual natureza. (original sem grifos)

Como se não bastasse, a Lei da Agência Nacional de Telecomunicações (Lei nº 9.472, de 16 de julho de 1997) dispõe, no art. 176, que:

> **Art. 176.** Na aplicação de sanções, serão considerados a natureza e a gravidade da infração, os danos dela resultantes para o serviço e para os usuários, a vantagem auferida pelo infrator, **as circunstâncias agravantes, os antecedentes do infrator e a reincidência específica.**
>
> *Parágrafo único.* Entende-se por reincidência específica a repetição de falta de igual natureza após o recebimento de notificação anterior. (grifo nosso)

Como se vê, portanto, a utilização dos institutos das agravantes, atenuantes, bem como dos antecedentes, no Direito Administrativo Sancionador, não só é justificável, como já se encontra em diversos outros diplomas legais.

→ **Realmente, como já decidiu o STJ:**

> "A aplicação de penalidades, ainda que na esfera administrativa, deve observar os princípios da proporcionalidade e da individualização da pena, isto é, a fixação da punição deve ater-se às circunstâncias objetivas do fato (natureza da infração e o dano que dela provir à Administração), e subjetivas do infrator (atenuantes e antecedentes funcionais). A sanção não pode, em hipótese alguma, ultrapassar em espécie ou quantidade o limite da culpabilidade do autor do fato."[13]

CAPÍTULO XVIII
DAS DISPOSIÇÕES FINAIS

Art. 69. Os processos administrativos específicos continuarão a reger-se por lei própria, aplicando-se-lhes apenas subsidiariamente os preceitos desta Lei.

▶ **ATENÇÃO!!!** Este é um dos artigos mais importantes e mais cobrados da Lei nº 9.784/99! MEMORIZE-O!!!

1. **Norma genérica (subsidiariedade):** a LPA tem aplicação apenas subsidiária (art. 69); no silêncio da legislação específica (lei específica afasta a

13. STJ, Terceira Seção, Recurso em Mandado de Segurança nº 20.665/SC, Relatora Ministra Laurita Vaz, DJe de 30.11.2009.

incidência de lei genérica). Logo, não regula todos os processos administrativos no âmbito federal, mas se aplica apenas de maneira subsidiária, complementar, secundária.

1.1. Exemplos de normas específicas: Lei nº 8.112/90 (parte relativa ao processo disciplinar), Lei nº 8.666/93 (procedimentos de licitação), Lei nº 8.987/95 (Concessões e Permissões).

→ **Aplicação em concursos:**

- **(CESPE/MPE-MT/PROMOTOR DE JUSTIÇA/2005)** Com a promulgação da Lei n.º 9.784/1999, todo o processo administrativo passou a ser exaustivamente regulado por suas disposições. Uma das características desse processo é a gratuidade, ressalvada a possibilidade de a administração cobrar o ressarcimento de certos custos, como o de extração de cópias.

  Resposta: Errado

- **(ESAF/CGU/ANALISTA DE FINANÇAS E CONTROLE–ÁREA CORREIÇÃO/2008)** A Lei nº 9.784/99 possui aplicação apenas subsidiária em relação ao processo administrativo disciplinar, que continua a reger-se pela Lei n. 8.112, de 11 de dezembro de 1990.

  Resposta: correto

2. Tema de aprofundamento para provas discursivas e orais:

Um exemplo interessante de aplicação da Lei nº 9.784/99 até a processos judiciais dá-se no caso da antecedência mínima da intimação. Como o Código de Processo Penal (CPP) não estabelece tal prazo, costuma-se fazer intimações com a antecedência mínima de três dias úteis, por aplicação analógica da LPA. O mesmo fenômeno acontece em processos no âmbito de Comissões Parlamentares de Inquérito e até mesmo nos processos por crime de responsabilidade, como efetivamente se verificou na Denúncia nº 1, de 2016, no Senado Federal, que culminou com o impeachment da então Presidente Dilma Rousseff.

Art. 69-A. Terão prioridade na tramitação, em qualquer órgão ou instância, os procedimentos administrativos em que figure como parte ou interessado: (Incluído pela Lei nº 12.008, de 2009).

I – pessoa com idade igual ou superior a 60 (sessenta) anos; (Incluído pela Lei nº 12.008, de 2009).

II – pessoa portadora de deficiência, física ou mental; (Incluído pela Lei nº 12.008, de 2009).

III – (VETADO) (Incluído pela Lei nº 12.008, de 2009).

IV – pessoa portadora de tuberculose ativa, esclerose múltipla, neoplasia maligna, hanseníase, paralisia irreversível e incapacitante, cardiopatia grave, doença de Parkinson, espondiloartrose anquilosante, nefropatia grave, hepatopatia grave, estados avançados da doença de Paget (osteíte deformante), contaminação por radiação, síndrome de imunodeficiência adquirida, ou outra doença grave, com base em conclusão da medicina especializada, mesmo que a doença tenha sido contraída após o início do processo. (Incluído pela Lei nº 12.008, de 2009).

§ 1º A pessoa interessada na obtenção do benefício, juntando prova de sua condição, deverá requerê-lo à autoridade administrativa competente, que determinará as providências a serem cumpridas. (Incluído pela Lei nº 12.008, de 2009).

§ 2º Deferida a prioridade, os autos receberão identificação própria que evidencie o regime de tramitação prioritária. (Incluído pela Lei nº 12.008, de 2009).

§ 3º (VETADO) (Incluído pela Lei nº 12.008, de 2009).

§ 4º (VETADO) (Incluído pela Lei nº 12.008, de 2009).

1. **Prioridade de tramitação:** visando a efetivar a regra do art. 5º, LXXVIII, da CF (razoabilidade e celeridade processual), a Lei nº 12.008, de 29 de julho de 2009, incluiu este art. 69-A na lei de Processo Administrativo, para prever a prioridade de tramitação de processos que envolvam pessoas idosas (inciso I), portadoras de deficiência (inciso II) ou doença grave, contagiosa ou incurável (inciso IV). Por tratar-se de novidade, deverá ser assunto muito cobrado em concursos públicos, de agora em diante.

→ **Aplicação em concursos:**

- **(Cespe/PCES/Agente/2011)** Terão prioridade na tramitação do processo administrativo, em qualquer órgão ou instância, em que figurem como partes ou interessados, pessoas com idade igual ou superior a 60 anos, pessoas portadoras de deficiência, física ou mental, e portadores de doenças graves.

  Resposta: correto (art. 69-A, incisos I, II e IV).

Art. 70. Esta Lei entra em vigor na data de sua publicação.

Brasília 29 de janeiro de 1999; 178° da Independência e 111° da República.

FERNANDO HENRIQUE CARDOSO
Renan Calheiros
Paulo Paiva

Bibliografia

CARVALHO FILHO, José dos Santos. Manual de Direito Administrativo. Rio de Janeiro: Atlas, 2018.

_______. Processo Administrativo. Rio de Janeiro: Lumen Juris, 2006.

CAVALCANTE FILHO, João Trindade. Roteiro de Direito Constitucional. Brasília: Grancursos, 2010.

_______. Servidor Público (Coleção Leis Especiais para Concursos, vol. 5). Salvador: JusPodivm, 2015.

_______. Lei 8.112/90 Comentada Artigo por Artigo. Brasília: Obcursos, 2008.

_______. Razoabilidade e proporcionalidade no Direito Processual Administrativo Brasileiro. Jus Navigandi, Teresina, ano 11, n. 1550, 29 set. 2007. Disponível em: <http://jus2.uol.com.br/doutrina/texto.asp?id=10471>. Acesso em: 29 dez. 2008.

DINAMARCO, Cândido Rangel. Instituições de Direito Processual Civil, vol. 1. São Paulo: Malheiros, 2009.

DI PIETRO, Maria Sylvia Zanella. Direito Administrativo. São Paulo: Forense, 2018.

DIDIER JR. Fredie. Curso de Direito Processual Civil, vol. 1. Salvador: JusPodivm, 2008.

GRINOVER, Ada Pellegrini; DINAMARCO, Cândido Rangel; CINTRA, Antônio Carlos do Araújo. Teoria Geral do Processo. São Paulo: Malheiros, 2005.

MELLO, Celso Antônio Bandeira de. Curso de Direito Administrativo. São Paulo: Malheiros, 2006.

MOARES, Alexandre de. Direito Constitucional. São Paulo: Atlas, 2008.

TAVARES, André Ramos. Curso de Direito Constitucional. São Paulo: Saraiva, 2008.

EDITORA
JusPODIVM
www.editorajuspodivm.com.br

Impresso por :

Graphium
gráfica e editora

Tel.:11 2769-9056